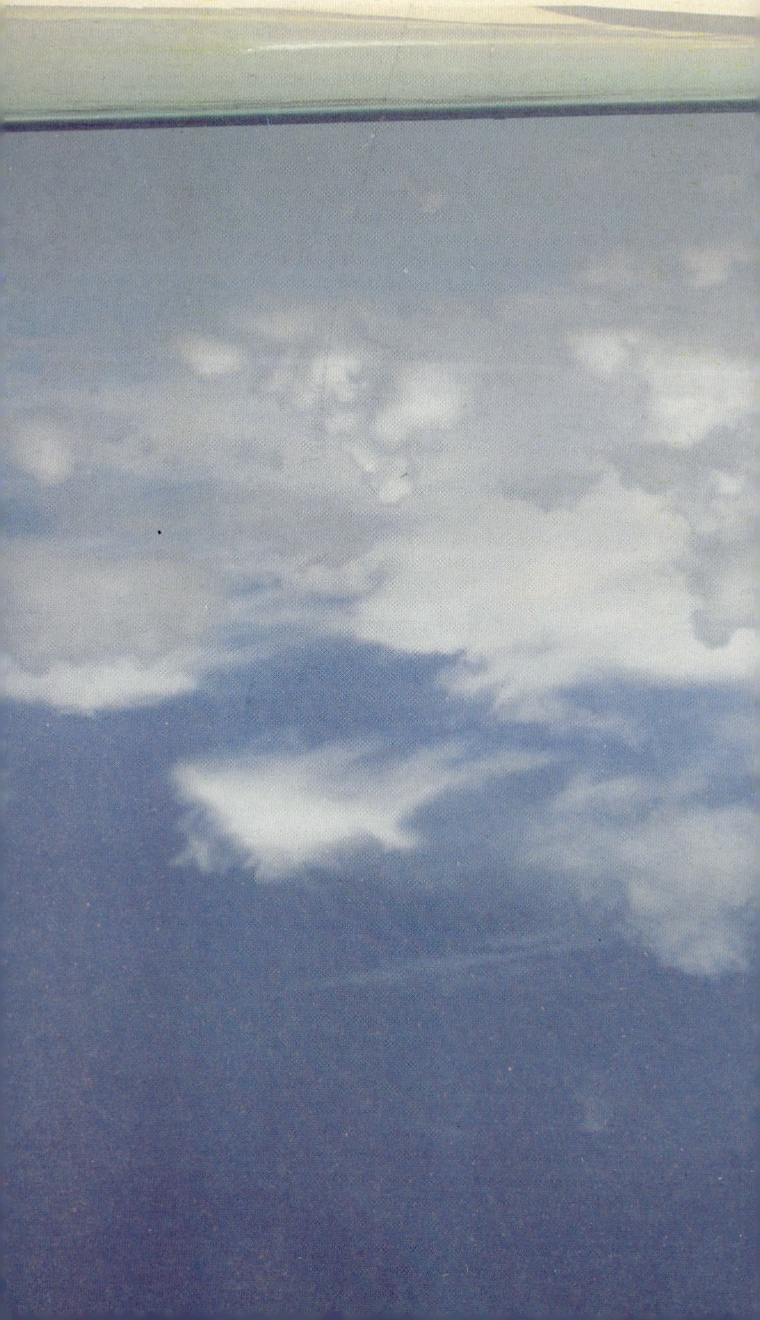

# 序 评

亲子游的出行理念一经推出，就受到了许多家庭的关注，在出游孩童日趋低龄化的当下，本书的出版很好地填补了亲子游、特别是婴幼儿亲子类型攻略方面的空白，推动了婴幼儿亲子旅行的发展。对于正在苦恼孩子的年龄是否太小、担心孩子年幼会在旅途中受到伤害的父母来说，诚如作者所言，我们不应折了孩子的翅膀，而是带着他一同飞翔。

——携程董事局主席兼 CEO　梁建章

亲子旅行从婴儿开启，书中从最初的行前准备，到机票、酒店的预订，以及如何抢购特价机票，直至在旅行中遇到的突发情况等，无微不至地描写了各个环节的解决方法和应对措施。这是一本指南性质的亲子旅行书，不仅仅涵盖了适合孩子游玩的地方，同时更是论述了如何设计行程以及注意事项，正如作者所说，真正实现了来一场说走就走的旅行！

——驴妈妈创始人兼董事长　洪清华

亲子旅行——带你的孩子从襁褓之时开始见识世界。

——环球旅讯 CEO　李超

我的两个孩子都是还没学会走路就已经开始旅行。作为父亲，再没有比抱着女儿、牵着儿子一起旅行更让我开心的事情了。相信亲子游不仅是我的需求，也是很多人的需求。我愿以此为事业，让亲子游成为单纯快乐而不是自找麻烦的玩法。这本书的价值也在于此，父母们可以从中了解到关于亲子出行的大量信息和技能。愿大家都能乐享亲子旅行时光。

——麦田亲子游创始人　谢震

作为一个旅游从业者，作为一个旅游爱好者，游历过很多地方，也想过带着一岁多的宝宝去旅行；但是每次想到带着宝宝出行的各种麻烦，可能的哭闹，和各种不可预测的未知与潜在风险，就放弃了这个念头。今天看了作者的这本亲子游，不禁眼前一亮，可能大人的各种担心都是多余的，小孩并没有想象的那么脆弱；加上作者书中的各种亲子游攻略，一定能完成一次难忘的旅行。这种亲子旅行的经历，是错过之后就不会再来的。带着你的小孩，马上出发吧！这本书不仅仅是亲子旅行攻略，也可以说是出境自助旅行攻略，里边非常多适用于初次出境自由行的资讯和攻略。

——番茄假期 CEO　余汉勇

旅行可以给孩子提供一片自由撒欢的天空，提升心智发展的水平。想要知道 80 后的家长是怎么带孩子出去玩的吗？看看此书便知道了。

——欧美嘉旅游集团（英国）COO　包屹

亲子旅行近年来一直是非常热的一种家庭休闲方式，想要知道如何才能带着孩子更好地旅行，不妨读读这本书！书中从亲子旅行的方方面面告诉大家，怎么设计行程，怎样省钱，怎样更好地在旅行中享受育儿时光。对于和作者一样希望带着孩子环游世界的朋友来讲，这是一本非常实用的指南书。

——中青旅副总裁兼商旅公司董事长　郭晓冬

带孩子进行一次远行，胜过上一百个培训班。亲子旅行已经成为年轻爸爸妈妈们最智慧的教育方式。让孩子快乐地接受知识比什么都好。但是很多家长担心带孩子出门会面临一堆棘手的问题，该书作者陆春（网名：青春河边巢）是远方网知名的亲子旅行达人，不但参加过大量远方网组织的亲子活动，还为网友现身说法提供了大量带婴幼儿旅行的攻略和经验之谈，受到网友广泛的好评。本书利用网络优势汇总了作者多年的旅行体验和交流感受，同时又突破了网络信息的繁杂，系统全面地介绍了如何带着孩子走出亲子旅行的第一步，值得列为行囊里的必备工具。

——远方网创始人　陈长春

“在路上”的人们一直都在追求自由与快乐，享受着生活中每一个细微的美好。无论形势怎样变化，我们都可以让这样的出行方式变成一种生活方式，带着孩子一起，感受大自然最淳朴的气息。世界本没有那么广大，相反它是由人类的感知能力所定义的，而旅行就是带你去享受这样的一个过程。孩子的世界是单纯与透明的，他们可以更直接地感受到世界的善与恶、美与丑，用幼小的心灵中去体会旅行的意义。也许作者的体验可以让你鼓足勇气，尝试着离开人群，带着孩子一起去好好安静一下，享受那些最原本的快乐。

——媒体人　白浩

一个只有 2 岁多的孩子已经去了 7 个国家几十个城市，这一家三口就是这样从容地旅行着 …… 旅行本身就是一种不同生活的尝试和探索，带着孩子身处异国他乡，如何处理各种突发问题呢？这是一本非常实用的亲子旅行图书，如果你缺乏亲子游经验，那么你完全可以参考书里的实用性的攻略，带着孩子就能出发了！

——环球旅行者　飘尘 Marco

我有一个人在海外独自旅行六七年的经验；我看到很多西方人带孩子旅行，很多时候还不止一个。所以，从孩子 3 个月起，我带她出门旅行，至今走过 25 国。今年 1 月，我参加天涯亲子旅游的征文，拿了第一名。在一片赞中，也有人有不同声音，觉得带小孩子出去没什么意义，孩子小，什么事情都记不住。也是在那时，我认识了“青春河边巢”这个漂亮的 80 后妈妈，知道她自孩子 4 个月大时开始带着国内外旅行。跟我洛艺嘉有一拼啊。我高兴我有了同类。我欣赏她的勇气，也佩服她一路积攒下的经验。那些想带孩子出门的，看看这本书吧。就像她说的：“只要你想，没什么不可以！”

——旅行专家　洛艺嘉

# 目录
# CONTENTS

# 目录
# CONTENTS

# 目录
# CONTENTS

亲子自助旅行指南

何时才能带着孩子旅行呢?

014-025

VĂN PHÒNG
LỄ VIÊN NỮ PHÁI
16
亲子自助旅行指南
Travel Guide
何时才能带着孩子旅行呢?
TravelGuide

# 何时才能带着孩子旅行呢？

亲子旅行没有固定的时间限制，从出生开始，任何时候都可以启航。

正视亲子旅行，对可能造访的担心和害怕说“不”！

# 亲子旅行没有固定的时间限制，从出生开始，什么时候都可以启航！

和很多父母一样，我也曾经对这个问题很困惑，甚至可以说是很矛盾。心中一直有两个我不断地斗争。其中一个站在担心和害怕的立场上，担心：如果在旅途中孩子生病怎么办？如果在旅途中孩子闹、不听话，我该如何应对——这些问题接踵而来，让我的亲子旅行计划一度夭折。然而另外一个声音却在不断地重复：一定要带着孩子旅行，这样孩子才有机会开阔眼界，了解外面的世界。最终，比起前者可能发生的事情，我选择了后者。

与很多朋友在交流的过程中，大家最关心的问题是孩子到底什么时候才适合带着出去旅行。在我的亲子旅行中，这一点没有时间限制，只要我们愿意，什么时候都可以。我们的亲子旅行是从小锟（出生后）4 个月开始。

很多时候亲子旅行就是伴随着这些担心和害怕进行的，婴幼儿阶段的亲子旅行有过之而无不及，但我们不能因为潜在的担心害怕，就放弃了让孩子开阔视野的机会。

## 正视亲子旅行，对可能造访的担心害怕说“不”！

很多时候我也在问自己，孩子年纪这么小，为什么一定要去旅行，等到大一点的时候，他足够可以记住这些风景画面不是更好吗？但是旅行的真正意义是否在于此呢，难道只是为了让孩子记住这些画面，记得那些漂亮的风景吗？记忆会随着年龄的增长逐渐被新的记忆所代替，如果只是简单地希望孩子可以记住那些去过的地方、见过的风景，恐怕就算是大人也不能完全做到。亲子旅行不是让孩子刻意去记住什么，这是一场爱的旅行，是一场亲子关系不断融合的过程，父母与孩子之间的关系不仅仅反映在日常的生活中，在外旅行更是一种亲子关系的体现和升华。

都说孩子和妈妈之间的感情无可替代，妈妈担心孩子的身体健康是天性所使，只是，亲子旅行中的那些担心并不是肯定发生的。我们只是在设想孩子有可能在旅行中出现一些不适问题。不过，仔细想一想：即使在日常生活中，这种担心何尝停止过呢？

有的时候，我们看待亲子旅行，尤其是婴幼儿的出行，想到更多的是会出现的负面问题，从来没有正视过亲子旅行带来的不可预知的正能量。旅行中会发生各种各样的事情，不仅仅对父母，对孩子本身也是一种挑战。不要认为这种挑战是我们夹杂在孩子身上无谓的负担，人生的进程又怎会是一帆风顺呢？面对困难，孩子应该自己去接受挑战变得更加坚强，而不是在我们的羽翼下躲避风险，这不正是我们为人父母所希望的吗？何不给孩子一次机会，不要担心他们的年纪如此地小，小婴儿终有一天会长大成人。常常听到很多朋友讨论要怎样让孩子从小培养一些性格和习惯，那么“从小”不是很符合我们的观念吗？

# 亲子旅行，不要简单地用“有用”或“没用”去评价！

很多时候都会听到一些朋友说，这么小的孩子带着去旅行有什么用呢，什么都记不住，同时也多花了一笔费用。殊不知亲子旅行不能用这些标尺去形容和衡量。孩子学习钢琴有用吗？孩子去上补习课有用吗？孩子去学舞蹈有用吗？似乎“有用”已经成为人们评价一些事情最常见的做法。我们对于孩子的问题用了太多的“有用”，或者“没有用”，这样的简单评价是否真的合理呢？

生活中有很多事情不能用我们所希望的结果去评判，这就好比一个孩子参加了数学补习班，期末考试中数学考试成绩有所提高，于是我们理所当然地认为补习班起到了一定的作用。但是亲子旅行怎能用这样的方法去衡量和评判呢，我们能说带着孩子旅行，所以孩子的旅行成绩就好吗？显然这个逻辑是不成立的，亲子旅行是让孩子们可以看到更广阔的世界，不要认为婴儿阶段的孩子没有对世界认知的能力，那不过是因为我们想当然地认为孩子的年龄问题是不可跨越的障碍，剥夺了孩子对世界认识的机会和权利。就像那句让人感触颇深的语言：“你剪掉了我的翅膀，却怪我不会飞。”

任何事情都有两面性，不能因为一件事情存在可能的隐患就不去尝试，就好像出游时品尝当地的美食，却担心吃了这些从未尝试过的美食导致身体的不适，于是决定放弃品尝。

相反当一件事情的正能量远远大于那些潜在的、有可能存在的风险时，人们更愿意选择去尝试。那么亲子旅行何尝不是这样的一个道理呢?

有人仍然会纠结这样一个问题，婴儿出行真的可以增长见识吗? 对于这个问题，我想说，亲子旅行不能简单地用一些具体的标准去形容，真的想要评判亲子旅行带来的收获，还需要亲身经历去感受一番。

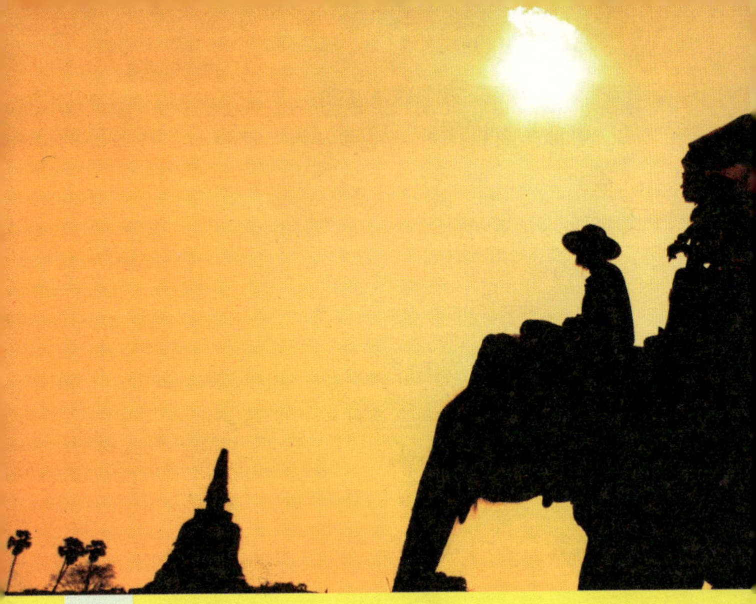

亲子自助旅行指南

亲子旅行之行前准备

026-049

# 亲子旅行之**行前准备**

# TravelGuide

# 亲子旅行之
# 行前准备

亲子旅行不同于一般的旅行，尤其婴幼儿阶段的亲子旅行对家长的要求就会比较高，需要我们提前准备好孩子出行前的一切所需。不可否认，带孩子旅行势必会比大人的行前准备来得更加仔细和具体。

# 物品准备

建议给孩子准备一个单独的行李箱，用于放置孩子的物品，这样孩子需要任何物品的时候，家长可以很快地找到。根据孩子的年纪大小，行李箱里的物品会有差别，但很多基础准备没有本质的差别。不论在婴儿阶段（0～2）岁，还是2岁以上，下面这些物品都是必须要准备的。

## NO.1 药品准备

对于孩子的药品出行前要带齐，原因很简单，以防万一。需要带哪些药呢，我的朋友中不乏有很夸张的做法，一种恨不得带去一个药店，另外一种则是轻装上阵，几乎不会带任何药品。这两种做法其实都不可取。我们不知道在旅行过程中孩子的表现如何，因此在药品的准备上，需要带齐一些常用的药品。

### 1. 调节肠道的药物

旅行期间，由于地点、饮食的改变以及旅途劳累很有可能导致胃肠功能紊乱。因此，出行前，要携带一些调节肠道、治疗呕吐或腹泻的药品。根据出行的天数，带够出行天数一半左右的剂量就足以应对了。

## 2. 退烧药、消炎药

对于感冒类的药品我们需要带的是一些预防性质和缓解普通症状的药品，这样就可以保证孩子的健康出行。婴幼儿的消炎药，市面上有很多种，建议大家还是去医院开药，不要随便在某个药店购买。如果孩子病得比较严重，不能随便给孩子吃抗生素一类的药品，必须带去医院接受专业的治疗。同时，为了预防发热的情况，还需要携带体温计。

## 3. 驱蚊水、抗过敏药物

可以带上清凉油、风油精等来为宝宝驱蚊。并根据宝宝的身体状况选择一些常用的防过敏药物。

## 4. 儿童创可贴

如果不幸发生了小意外，孩子受了小外伤，及时拿出预备好的创可贴去应对，总比措手不及到处求助好得多。

## 5. 酒精、碘酒棉球

可以对小伤口进行消毒，消毒后贴上创可贴。

准备这些药品的时候不要嫌麻烦，一定要在出行前准备完毕，同时集中

### 小贴士

在游玩时我们还要留意景区或者其他游玩地方的标志性建筑物，这么做的原因是如果需要医疗救助，与救援人员沟通时，可以准确快速地描述所处地点，给救助赢得最宝贵的时间。

放在一个小药箱中，市场上很容易找到这种比较经济实惠、体积不大的小药箱。切记不要零散地随意放进行李箱，这样不但不利于查找，同时也有可能损坏这些药品的包装，造成药品的外泄。

除了以上的药品准备之外，我们还需要准备的是查阅出行地的医疗信息。

出行地在国内，使用常用的一些搜索引擎可以快速地找到一些儿童医院，我们需要选择 1~3 家医院了解信息。

1. 根据入住和游玩地点，尽量查找距离这些地点比较近的儿科医院。选定 1~3 家后，要查询所在地到这些医院的交通方式以及医院的联系方式，并将查阅好的资料随身携带。这些资料放到孩子的行李箱中就可以了，切记不要随便乱放。

一般的城市都会有专门的儿科，这一点不用担心，如果没有的话，就选择一所比较权威和科诊比较全面的综合性质的医院。

2. 临行前，查询当地的急救信息以及相关的联系方式，如果发生意外事件可以及时得到救援。

3. 父母查询资料时需要最终确认这些信息的真实性，尽量到相关医院的官方网站去查询，保证资料的准确性。

### 小贴士

出行地在国外，不仅仅需要查询当地的一些医院信息，同时还要对医院的就诊流程有个简单的了解。

去当地的华人论坛，在医疗服务板块会能找到很多的建议和意见，同时也会有这些医院的评价。如果时间充裕还可以就你所关心的问题提问，等待其他人回答。

大的医院不用太担心语言沟通问题。类似曼谷医院会配备翻译服务，就诊流程方面，基本上和国内的类似，服务也不错。

# NO.2 食物准备

## 1. 水源

很多朋友曾经咨询我关于孩子的水源问题。如果旅行地在国内，即使不愿意尝试当地的水源，用来替代的矿泉水也很容易买到。如果是国外，有的朋友甚至专门从国内托运矿泉水，在我看来其实没有必要这么做。还是那句话，不要把孩子想得那么脆弱，他们的适应能力超乎我们的想象。就拿我家小锟的实例来说，小锟在国外的水源就是酒店的自来水，煮开以后给他冲奶粉，没有出现任何不适的情况。如果万一出现水土不服，那么水源肯定不是造成这种情况的唯一原因。当然，若真的不放心，也可去当地超市购买矿泉水。

## 2. 正餐

我们不可能给孩子带着足够出行天数的正餐。因此，在旅游地点用餐是不可避免的，不要担心目的地的饮食问题。作为一个成熟的旅游城市，每年大批的游客前往，当地早已有适合各种口味的饭菜。

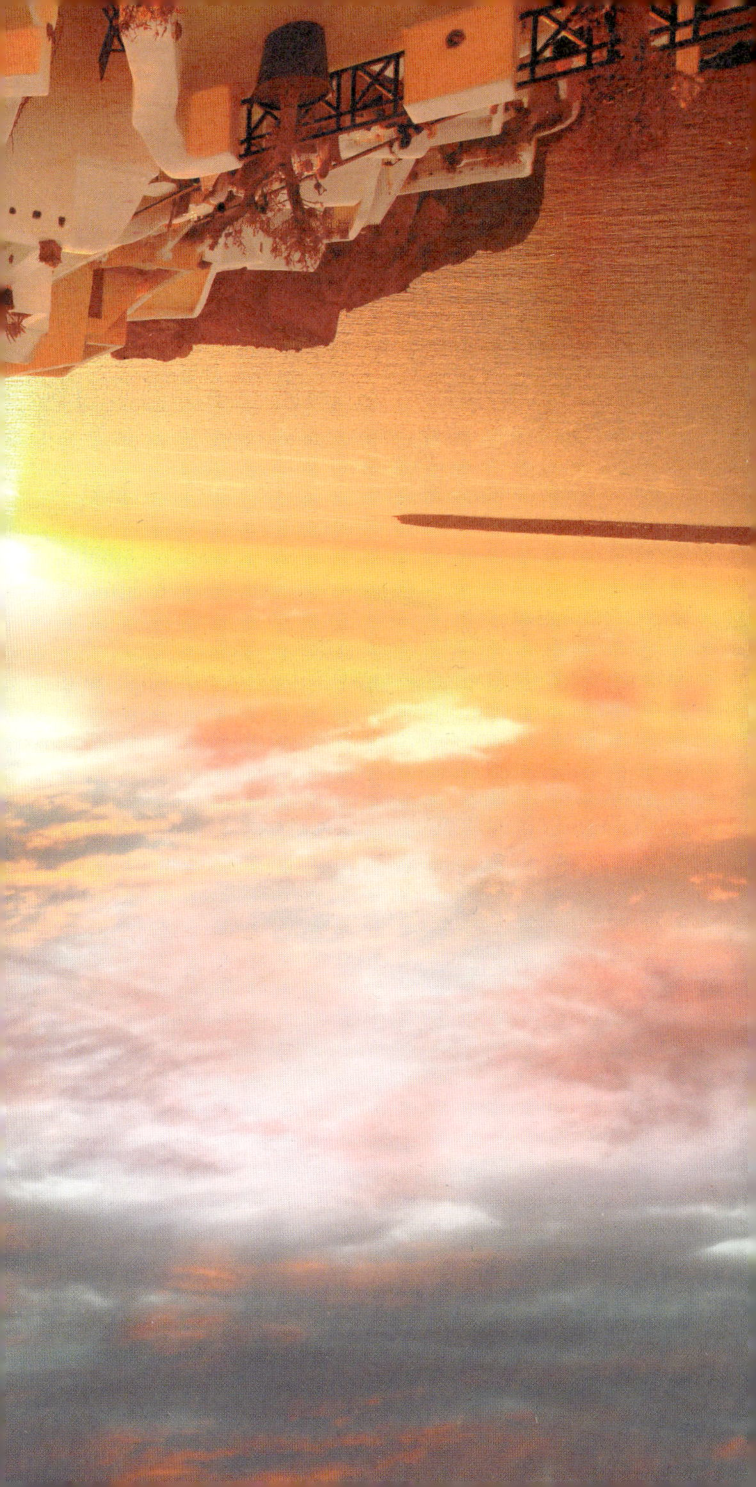

### 3. 小零食

孩子出行需要乘坐飞机或者其他交通工具。亲子旅行不易之处之一在于在旅途中乘坐交通工具，孩子不能像大人一样安静地等待时间的过去，时间一长，就会开始不安、哭闹，所以要给孩子准备一些零食，以转移他们的注意力。零食的种类取决于孩子平时爱吃的食物。可以准备一些有助于消化的小零食，例如山楂片、果丹皮，当然还有一些孩子喜欢吃的小火腿肠、小饼干、水果等。每个孩子的喜好不同，我们根据实际情况选择性地准备就可以了。这些小零食不仅孩子乘坐交通工具时需要，在旅行目的地游玩时也同样需要。当地出游时或者玩耍后休息时，都需要补充体力，不要小瞧这些小零食的作用，到了异国他乡可以帮我们大忙。

**小贴士**

1. 小零食需要带够出行天数的，最好比出行天数多出 1～2 天的分量。即如果出行天数是 6 天，需要带够 6+2=8 天左右的分量，防止孩子偶尔多吃导致不够的情况，有备无患。

2. 奶粉一定要带充足，带够出行天数 x2 的分量。

3. 当地美食小吃固然很值得品尝，但这些并不适合处于肠胃比较稚嫩的婴儿。不要挑战孩子的胃肠系统，当地的特色小吃留给孩子长大后亲自去品尝吧。

# NO.3 衣物准备

根据出行地点的气候环境决定携带哪些衣服。

## 1. 毛毯

这个主要用于飞机上，如果孩子睡着了需要及时盖上。虽然有的飞机上提供毛毯，我们用起来也比较方便。但如果正好赶上孩子睡着，下飞机或者上飞机的时候，使用自己携带的小毛毯会更方便些。最大的益处在于不会因为更换小毛毯弄醒熟睡的孩子，同时也可以避免没有毛毯可用的尴尬。

## 2. 沙滩巾等轻薄衣物

夏季比较炎热，类似小毛毯这种稍微厚的基本不会用上，此时需要准备一个替代毛毯但是相对透气凉快却又可以起到保暖作用的衣物，类似于很多朋友喜欢的比基尼沙滩巾。当孩子睡着时，这种薄的沙滩巾不但可以起到避免着凉的作用，同时又很透气，用起来很方便。我们自己呢，还可以拿来臭美拍照，何乐而不为呢？

# NO.4 日常用品的准备

## 1. 纸巾（干纸巾、湿纸巾）

湿纸巾的作用很多，在我看来没有其他更方便的物品可代替了，尤其是孩子在用餐期间。

## 2. 尿不湿

尿不湿的数量根据孩子平时的使用情况计算，例如小锟一天中只有午觉和晚上睡觉各用一片，一天使用两片。如果按出行天数为 6 天计算，即 $6\times2=12$ 片。不过我们不能只带 12 片，以防不时之需，最好带 15 片为宜。

## 3. 玩具等辅助用品

小玩具的准备也很有必要，例如在沙滩需要准备沙滩玩具，但是不要携带需要空间比较大的小桶等。除了根据旅行地点准备玩具外，还有根据孩子日常的喜好携带玩具，用于飞机或者当地玩耍时，这也是防止孩子闹脾气的一个好方法。另外可以携带适当的电子产品，提前准备好孩子喜欢看的动画片或者其他视频信息。

★在孩子用餐期间，湿纸巾是必不可少的用品

★根据孩子日常的喜好携带玩具

## 孩子不听话怎么办？

根据诸多育儿专家的分析解读，婴幼儿不听话、哭闹的主要原因可以归为三大类，即生理层面的原因、病理层面的原因以及心理层面的原因。

### 生理层面哭闹的原因

1. 渴了、饿了、困了等

对于尚不会表达的婴儿来讲，哭泣的时候，嘴巴会有些歪歪的，此时用手指触碰宝宝的脸颊会发现，宝宝的头会寻找手指的位置。也就是说，宝宝在传达饿了的讯息。当然，如果孩子睡眼惺忪，很明显是在传达需要睡觉休息的渴望。

**处理方法：**

渴了、饿了、困了，只要我们及时给孩子补充就可以使其哭泣状况缓解。

2. 太冷或者太热

很多爸爸妈妈照顾孩子的时候，总会犯过犹不及的错误。虽然很多育儿方面的专业人士告诉我们，孩子和大人在同样的环境中，衣物穿着厚度一致即可。但很多情况下，我们都会再给孩子加件衣服等。这就造成了孩子感觉过热或者过冷，导致哭闹。

**处理方法：**

判断孩子感觉热或者冷的方法：用手触碰宝宝的后背是否有汗，以此判断宝宝是否觉得热。如果孩子已经开始流汗，甚至衣服已经被汗水弄湿，那么必须给孩子减少衣物。判断孩子过冷就更容易了，手脚是否冰凉，乃至发抖打喷嚏等。如果有这些反应，势必要给孩子增加衣物。

3、尿布更换不及时

很多孩子还不能完全不用尿布，尤其年纪小的孩子。如果尿布湿湿的，或者不太干净，这些情况都会让孩子因为不舒服而哭泣。

**处理方法：**

定期检查，及时更换。

**病理层面哭闹的原因**

如果孩子生病了，也会表现为哭泣。不过这种哭泣与生理性原因的哭泣有着很大的区别。经研究发现，生病时孩子的哭闹表现为哭声特别尖锐、声音特别高，同时会出现蹬腿、烦躁等行为，其哭泣的情绪难以安抚。

**处理方法：**

孩子持续哭闹，并且反应激烈，就要警惕孩子有可能是生病了。此时尽快就医，给孩子专业的治疗是最好的方法。

**心理层面哭闹的原因**

1. 受到惊吓

小孩子对于灯火或者声音的各种变化会有所反应，如果出现异常的声音，抑或是灯光等，孩子就可能因此受到惊吓。

2. 陌生环境以及更换护理人员

3. 希望得到爸爸妈妈的爱

**处理方法：**

受到惊吓的孩子，首先要安抚孩子，尽可能亲亲他、抱抱他，用一些方法转移孩子的注意力。如果是因为陌生环境和护理人员，需要爸爸妈妈耐心地安抚、讲解。不要认为孩子很小听不懂，循序渐进地进行会得到很好的效果。对于更换护理人员，需要从短时间到长时间的慢慢过渡。很多时候，孩子的哭闹只是需要妈妈的拥抱。如果每当妈妈抱起的时候，哭声就会戛然而止。那么就抱抱孩子，给他足够的爱就好了。

# 旅行地信息收集

很多第一次带着孩子亲子旅行的父母一般都会选择在国内游。相比较国外游，在国内，很多事情做起来比较容易。那么国内游出行前需要做些什么呢，一起来看看吧。

## 如何迅速了解出行地的实际情况

### 1. 登录旅行目的地的官方网站，了解概况

作为旅游城市或者目的地，一般都会设有专门的官网进行介绍。在出发前，登录目的地官网查询当地的概况是非常有必要的，尤其是目标景区的信息。对于一些规定和注意事项务必查看仔细，这些会给我们的顺利出行提供非常重要的支持和保障。

### 2. 查阅书籍、杂志等传统纸媒的信息介绍

虽然传统纸媒没有互联网上的消息那么多，但是一般更为系统性、更具针对性。有很多朋友还是比较热衷于书籍和报刊。目前市场上有很多自助游玩类的攻略书籍，也有很多体验性质的游记类图书。这些书本和杂志都可以为我们的出行提供大量的信息，经常出游的朋友，不妨买来一本。

★ 通过官网，了解权威、准确的信息；通过攻略对景点有更全面、细致的了解；通过驴友分享，对景区有更私人化、个性化的参考。

## 3. 登录旅游论坛，查询出行地的游记攻略信息

出游前我们需要登录一些旅游论坛，查询网友发布的游记和攻略帖子。一些过来人的建议和意见非常值得我们借鉴和学习。虽然在官网上已经了解了很多信息，但是仍然需要实践者的建议和意见，两者综合对比，得出适合自己的行程和攻略。

### 1）驴妈妈旅游网

驴妈妈是国内较成熟的自助游资讯服务网站，在驴妈妈社区有很多关于亲子游的文章，同时也会不定时地做重点推荐。在驴妈妈网站上，任何问题都可以询问，并可以在尽可能短的时间内得到答复。选择好目的地之后，可以迅速地查询到与目的地相关的亲子游攻略。当然如果没有确定去哪儿，也可以先选择一些亲子游的内容来阅读，相信阅读之后就会有一些倾向性的选择了。

同时驴妈妈社区有个旅游指南的板块，基本涵盖了衣、食、住、行等方面，有很多驴友以及专业人士会针对旅行中遇到的各种问题进行解答。对于初次到某个目的地旅行的朋友来讲，这些信息非常有价值。当然如果喜欢户外运动，这里也有专门的户外小板块，很多朋友喜欢带着孩子去户外体验，就可以在此板块寻找需要的信息。

### 2）携程社区

携程社区有个板块叫作“小屁孩，大世界”，以小组形式存在的这个板块提供了各种关于亲子旅行的资料。有问题可以随时提问，一般很快就会得到答案。亲子旅行的游记攻略也有很多，不仅仅可参考这个小组，诸多旅行家专栏中的文章堪称经典，衣、食、住、行非常实用而且很详细。参考这些过来人的经验，对于安排我们的亲子旅行会有很大帮助。

### 3）麦田亲子游

如果苦于找不到好的亲子旅游活动项目，爸爸妈妈们可以关注“麦田亲子游”俱乐部。该俱乐部发起人是家有宝宝的爸爸妈妈。这群人既把亲子旅游作为事业，也当成爱好，每天“疯狂”地设计各种活动，有徒步探险和露营，有亲子骑行，有玩转博物馆，有亲子远行，有亲子运动，还有专享定制，总之是不停地推陈出新。孩子们在旅行中不仅可以与父母亲近，更可以与小伙伴们一起玩乐成长。

### 4）育儿网旅游频道

如今，很多父母类网站也专门设有旅游频道，很多父母都会把带着孩子游玩的游记和攻略发送到这个板块中。这是除了通过旅游网站之外，我们可以获得亲子游方面信息的又一途径。在育儿网看到的游记基本都是以亲子游为主，可以非常清楚地了解带着孩子游玩的全部行程，这为我们节省了寻找攻略的时间，同时也可以从他人的亲子游经验中找到适合自己的出游方式。

### 5）远方网

远方网比较注重攻略和游记，尤其是攻略部分，信息很完整。同时这里有很多适合亲子游的目的地推荐和介绍，非常详细地告诉大家具体线路、门票以及其他更具细节性的内容。这些信息对于带着孩子出游的朋友来讲，十分需要。同时，远方网还会通过核实来保证信息的及时性和真实性，基本上不用我们再去判断信息是否有误。

亲子自助旅行指南

## 亲子旅行之火车票、机票

# 050-091

亲子自助旅行指南
Travel Guide
亲子旅行之火车票、机票
TravelGuide

# 亲子自助旅行之 火车票、机票

确定好地点之后，第一步需要做的是选择出行的方式以及安排住宿，简单来说，就是指预订火车票、机票和酒店。带着孩子旅行和一般的旅行在购买车票和预订酒店方面有着很大的区别，往往一次预订便能够决定此次旅行的质量。

# 国内机票的预订

无论国内还是国外旅行，机票和酒店都是不可或缺的重要组成部分，因而机票和酒店的预订是出行前必须提前做好的工作内容。没有机票酒店的前期预订和准备，很难搞定任何性质的旅行，更何况是不同于一般旅行的婴幼儿亲子旅行。

## 国内婴幼儿机票的预订

### 1. 国内婴幼儿机票的预订流程

婴幼儿机票的说法其实并不正确，因为婴儿和幼儿，在实际机票预订时有严格区别。在2岁以内算婴儿，2岁以上（含2岁）则算儿童，也就是我们要说的是婴儿机票和儿童机票的预订。

**国内婴儿机票的预订**

国内婴儿机票，既可以在提前购买成人机票时附在上面，也可以到机场购买，同时，国内有些旅行网站也提供婴儿票的预订。但如果成人购买的是特价机票且没有时间预订婴儿票，可以先把成人机票预订了，因为婴儿票的价

格是永远不会发生变化的（不含税成人全价票的十分之一），而且还可以到机场购买。

但需要注意的是，如果选择在机场购买婴儿票，一定要多留出半个小时到 1 个小时的时间，因为婴儿票一般在办理登机手续的地方购买。如果时间紧或排队比较长，会给相关手续的办理带来较大压力。

预订婴儿票时所使用的证件，最好与成人保持一致，即成人如果使用了身份证加中文姓名，那么婴儿最好就带上户口本和出生证明；如果成人使用护照预订机票（国内飞行是允许的），那么婴儿也最好使用护照购买机票。

**国内儿童机票的预订**

预订儿童机票，相关中文姓名和护照姓名使用方法同婴儿，总体来讲，儿童机票预订远远没有婴儿机票那样灵活和便宜。国内儿童机票的政策是不分时间，统统为成人全票价的 50%，另会减免机场建设费。所以问题来了，如果成人机票低于 5 折时，可能总价比儿童票还便宜。当然儿童票在预订的时候都有一个选择：既可以按成人出票，也可以按儿童票价出票。当成人机票与儿童机票价格相当或略少的时候，建议还是按儿童票预订，因为走儿童票流程，其变更和退改政策是与全价票相当的；反之，如果为了省非常少的钱放弃了机票的退改政策，一旦遇到特殊情况要变更和取消，那损失就比较大了。所以我们建议预订国内机票时，只有当成人机票达到 4 折、3 折或以下时，才考虑给儿童订成人机票。

## 2. 如何衡量机票的价值以及获得特价机票？

### ——特价机票判定标准：500 元分母理论

如何衡量我们所购买的机票是否属于特价机票，或者说判断机票是否很划算，我们提出了机票“500元分母理论”。

### 500 元分母理论

对于自由行安排，不论国内国外，机票是第一决定因素，在出行预算中扮演着很重要的角色。因为酒店通常水分比较小，一分钱一分货，愿意多出钱就住好点的酒店，反之亦然；但机票则是有可能一分钱十分货，特别是对于选择乘坐经济舱的客人，他们获得的服务几乎没有任何差别，但是机票的价格则是千差万别。

简单来讲，我们认为坐 1 小时的飞机，含税后的“公允价格”是 500 元。经过测算基本上相当于航空公司公布含税价格的 75% 左右。比如：北京飞上海大约 2 小时，全价含税大概是 1300 元，根据“500 元理论”，这样的票应该在 1000 元左右成交，也就是说 1000 元是一个大概的公允价，是机票订单成交的主流和平均值。

但如果按 500 元 / 飞行小时去订机票，未免有些不划算，虽然也便宜了 25% 左右，我们不妨将 500 元 / 飞行小时当作一个分式的分母。我们本质上希望能从航空公司得到较多的折扣，但具体折扣到什么程度，便取决于购买时你为每飞行小时支付的费用。如此看来分母已经有了，就是 500 元。而后，根据实际飞行每小时的花费，便可以计算出以 500 元 / 小时为基价的折扣，即：

$$折扣率 = \frac{实际飞行每小时的花费}{500（元）} \times 100\%$$

如：(1) 从北京飞马尔代夫（海南航空），平均单程 8 小时，共花费 1000 元，平均每飞行小时花费 125 元；(2) 从北京飞吉隆坡（亚洲航空），平均单程 6.5 小时，花费 600 元，平均每飞行小时花费 92 元；(3) 从北京飞马尼拉（宿务航空），平均单程 5.5 小时，花费 400 元，平均每小时 72 元。根据我们获得的实际飞行每小时的花费，就可以得到数学分式了，根据上面三次飞行，可以得出：125/500=25%，92/500=18%，72/500=14.4%， 即第一个数相当于 500 元的基础上的 2.5 折，第二个数为 1.8 折，第三个数为 1.4 折。

这里所说的“500 元分母理论”，其每飞行 1 小时花费 500 元的基准是以国内航班的税费来衡量的，而国际机票的税费通常比国内税费高很多，比如亚航北京到吉隆坡，光往返税就要 1000 多元，而国内往返税费最多 340 元，所以实际得到的折扣力度更大。

如此看来，根据“500 元分母理论”如何判定是否为特价机票的问题解决了。一方面，有了判定机票的依据，就可以很容易评估特价机票是否为货真价实。另一方面，这也使得我们在廉价航空公司和普通航空公司的选择上有了一个参考。

# 国外机票的预订

**异国他乡的环境，机票更是需要更多关注和挑选的。航班信息以及相关航空公司的规定，都需要提前知晓。**

## 国际婴儿机票的预订

国际婴儿票预订同样非常简单，如果您是在航空公司抢购的特价成人票，即使您在预订时没有预订婴儿票，也都允许您随时添加婴儿乘客，而且还是同样便宜的价格。

同样，国际机票需要使用护照上的拼音姓名购买，没提前办护照也没有关系，出行前办好即可。

国际婴儿机票可以跟随成人票一起预订，也可以在预订好成人票后，在账户里补订。

### 小贴士

1. 在预订出行的航班时，为了提高抢票的成功率，可以先不订婴儿票，之后回到网站账户补上即可。

2. 如果不是在航空公司直接购买的成人机票，比如通过代理处购买，则需要到机场购买婴儿票。

因为婴儿票是不支持单独预订的。对处在犹豫阶段的父母来讲，在抢票时不订婴儿票，也留出了充分的时间来考虑是否带上婴儿出行。

图一：跟随成人机票一起预订

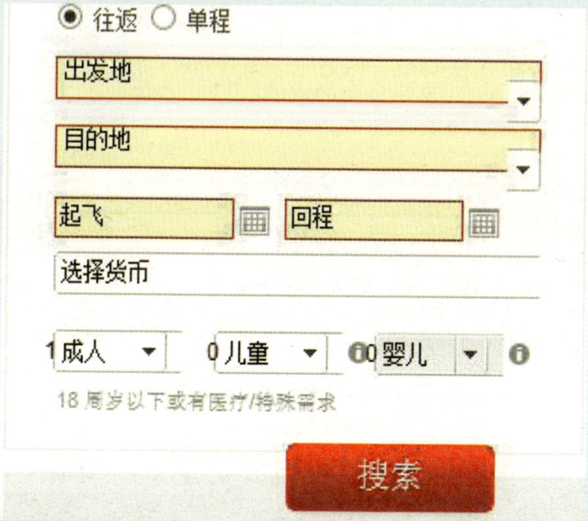


图二：成人机票订好后，在账户里补订

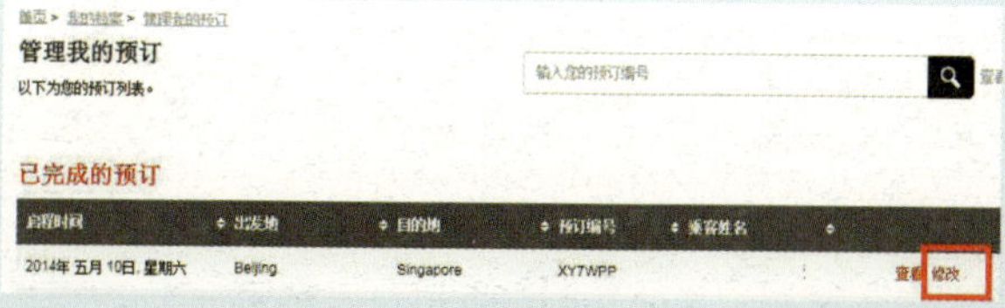


## 国际儿童机票的预订

对于国际儿童机票来讲，建议直接按成人对待，因为基本上各航空公司给出的儿童票价格不会比特价票便宜，原因为儿童是占独立座位的，而婴儿不需要占座位。

# 廉价航空可有效节省花销

廉价航空从字面上来讲，就是尽可能提供低的票价让人们旅行，廉价航空公司的主要代表——亚洲航空公司，他们的口号是“现在人人都能飞”，还有宿务太平洋航空的口号是“每个人都能飞的原因”。

## 廉价航空，是不是有什么问题呢?

其实廉价航空的航班与普通航空公司的航班没有任何区别，都是空客和波音的飞机，机型也可能一样，甚至廉价航空的飞机比普通航空公司更新更好。那区别是什么呢?主要的区别在于廉价航空通过压缩运营成本（并非在安全投入方面），剥离不必要的服务，选择在非热门时间段飞行，创造利润增长点。超长期提前接受预订，采取严格的取消和变更政策，实现正常运营。此外，廉价航空公司多在航油相对便宜的国家，从而使得主要成本投入大幅降低。

对于普通航空来讲，如下服务都需要收费：毛毯服务、餐饮服务、座位选择、安静区选择、行李托运……但是如果你没有特别的需要或稍做准备，则不需要为这些可选的服务多付 1 分钱。比如我们每次出行，都带一个 20 寸的行李箱，直接放在机舱内，自带水杯（机场可添加）、毛巾，完全能应付旅行需要。

而普通航空公司则不必介绍太多，除非类似超额行李，其他一价全包。所以选择廉价航空，并不是在服务品质上

有下降，而是主要减少了不必要的服务。从经验来看，除了在座位选择上，投入了小小的费用，其他方面的费用都可以节省下来。

当然，对于预算不是问题的家庭来讲，这里还是推荐普通航空公司。原因有三点：一是省得操心一些细节；二是尽可能地选择包机或是直飞航班；三是可以选择升航服务，如公务航。

## 机票预订的三个推荐途径：

### 天巡网

天巡网总部位于英国，是全球领先的旅游搜索网站，其专长在于国际航班，根据官方说法："它提供了灵活的搜索选项，通过这些选项可以浏览一个月，甚至一年中的航班价格，使您可以做出最实惠的选择。"同时，天巡网还提供了界面，多币种展示以及税费全含的发布形式。

### 去哪儿网

中文机票搜索引擎先锋，也建立了相应的国际机票搜索体系。

### 出发地或是目的地的普通航空公司官网

由于互联网的发展，找到出发地或是目的地普通航空公司非常方便。建议在航空公司官网，登记一个邮箱用于接收最新促销信息，促销信息有时也不仅限于价格，比如有时会提供升航服务。

# 如何获得特价机票？有哪些途径？

订特价机票，特别是较低价格的机票，需要做点小功课，但是完全在可以接受的范围内，简单到您在平时刷微博或微信时只需多添加两个联系人就可以了，什么？这两个社交应用您都不玩？那邮箱您总有吧，有一个就可以。

## 预订特价机票的必做功课

### 1. 找到关注对象

你订或是不订，特价机票就在那里。是的，最郁闷的事情莫过于人家订了最便宜的票，而自己没有抢到。

预订特价机票首先要关注目的地航班的实际运营航空公司。每个目的地除了正常的商业航班之外，也有较多的廉价航空公司的飞机，可能与您的出发地衔接。

### 2. 行程设计

行程设计主要是指时间安排。如果是最近出行的话，

主要关注一些尾单和特价甩卖，现在已有专门提供此类服务的网站；如果不是最近出行，想自己控制出行时间，就选择在廉价航空公司大促的时候买票，一定要在大促，而且是第一次大促，因为这时会拥有丰富的库存，您甚至可以组一个团出行。

主要的廉价航空公司大促的时间一般是提前 6 个月到 1 年不等。如果不是最近出行，可以通过巧妙的安排解决这个问题。一般廉价航空公司的大促周期是 6 个月一次。也就是说，现在可以预订 1 年后的机票，再过半年就可以预订 1 年半后的机票。也就是除了第一次您需要等一年，以后每次出行时间的间隔只有半年。

前面提到行程安排可能是 6 个月或 1 年后，根据自己的工作性质其实很容易算出什么时间大概会有空，基本上请假不会遇到困难。当然这个具体的日期最好提前拟定出来，最好有两个以上的备选日期，以防万一 A 方案的日期机票被抢光，还有 B 方案可以考虑。

### 3. 发现促销时间的渠道

有一句名言：时间就是金钱。对于特价机票这件事来讲，信息就是金钱。道理很简单，特价机票往往数量有限，如果信息知道得晚，迎接你的很有可能就是“已售罄”，所以一定要关注一手的信息源。获得特价促销的渠道，总结为如下几个方面：

### 邮箱注册

这是非常老的手段了，每一家航空公司都有注册促销通知的功能。如前面所述，找到与出发地与目的地相关的航空公司主页，直接注册即可。所注册的邮箱最好是有短信通知的，比如中国移动的免费邮件，提供免费短信通知。这样有了促销信息，便能够第一时间得到促销通知。

### 微博

微博作为新媒体的代表，在资讯传播方面非常快速。不必关注很多的对象，每次只关注与目的地有关的信息主体即可，一旦去过了便可删除。

常用特价机票信息微博有“亚洲航空”“宿务航空”“捷星航空”，还有其他东南亚各种“动物航空”，如“鸟航”“虎航”“鹰航”等。

### 微信

上面提到的这些关注的博主名称，基本上都能在微信上搜到，这主要取决于习惯使用哪种社交软件。

### 促销 APP

用关键词“旅行”可以找出很多，但由于其功能相对单一，不像微信和微博，在平时看新闻和社交的时候无意间就可以关注到促销信息。

比如计划去泰国，就关注能提供服务的“亚洲航空”；如果去新加坡，则可以关注能提供直飞服务的“捷星航空”；

如果想去长滩岛，则可以关注“宿务航空”。这些航空公司其实也不止服务于一个目的地，比如亚洲航空，其范围覆盖了整个东南亚。如果觉得这样还是比较麻烦，还有一种方便的模式，只需要关注最少的博主即可，因为这些博主专门干一件事，那就是搜索到达世界上任何一个目的地的特价机票信息，如“E旅行网”“天巡网”“穷游折扣”“来来汇”及“淘宝旅行每日特汇”。

# 抢购特价机票需要做哪些准备？

## 支付准备

### 1. 国际信用卡

特价机票，特别是外航的出境国际机票，一般都需要跨国即时支付，最靠谱最方便的手段就是国际信用卡支付，也就是带有Visa、Master或是American Express标识的信用卡。一般来讲， Visa和Master是必须各办一张的，至于哪一家银行的则没有特别的限制，我们自己目前使用的是招商银行Visa和交通银行Master，还没有遇到不能支付的情况。即使遇到不能支付的情况，两张卡相互换着用就能解决问题。所以，要先确认是否有两张以上国际信用卡。

### 2. 额度设置

每张信用卡除了有总额度外，还有一些使用上的额度限制，比如有些信用卡可以按天设置消费额度，也有的信用卡可以设置网络交易的总额度，如招商银行，一旦突破这个额度，交易将可能无法完成或需临时上调限额，从而可能导致特价机会的错失。因此，在操作之前，检查一下信用卡额度设置，不太清楚的话给信用卡所属银行致电，咨询一下在境外网站交易一定数量的金额是否有问题。

### 3. 信用卡安全交易

在国内，即使我们使用带有 Visa 或是 Master 的信用卡交易时，除非主动取消，否则都需要输入密码才能交易。但同样是这些信用卡，使用国外的支付通道，结果就会很不一样。这要感谢快速发展的支付方式，国际上只需要知道卡号，有效期和卡背面后 3 位或 4 位这 3 项信息，就可以刷走任意信用卡最大额度范围内的钱。既不需要您的实体卡也不需要您的密码，钱就可以被划走。但是，在国外信用卡发展比较成熟的制度下，即使卡主在不知情的情况下被“盗”刷了，完全不用担心。原因在于一旦卡主本人不认可，刷卡人必须要出示证据给银行，证明卡主当时提供了授权，最常见的是签字。如此，持卡人能轻轻松松把未受许可的钱要回来。

使用国内交易通道时，目前都需要交易密码，除非泄露密码，否则基本不存在安全问题。在境外消费时，尽可能使用 POS 机消费。在抢购国外航空公司的特价机票时，虽然不能使用 POS 机，但是航空公司基本解决了这个问题：它们引入了一种更安全的信用卡交易方式，即 3D 认证交易。简单来讲，跟国内网银交易类似，在信用卡交易时，需要跳转到发卡银行页面，输入交易密码才能交易。之前提到的境外廉价航空公司都引入了这项服务，所以完全不用担心交易安全。

### 4. 手续费和其他支付方式的考虑

跨国信用卡支付时会产生大约 3% 的手续费，随着中国经济地位的提升，越来越多的外航将眼光投向中国，为了争取中国消费者，还引入了中国常用的支付方式，其中

最为常见的就是耳熟能详的支付宝。如果使用支付宝付款，可以比直接使用信用卡支付节省大约 3% 的手续费，这何乐而不为？

目前亚洲航空和宿务航空都支持与中国航段相关的支付宝交易，相信更多航空公司正在跟进。

# 资料准备

## 录入资料

注册账户后，可以将出行人的信息提前录到注册账户里，包括护照姓名、证件号等，这样，抢票时就不需要再输入护照上的信息，勾选一下姓名即可。不要小看这些可以提前做的小细活，关键时候可能拼的就是这个了。什么？没有办护照？没有护照号？完全不用担心，在预订时只要有正确的拼音姓名即可，而护照号可以不填或是随便填一个，因为不论是廉价航空公司或是普通航空公司，只要在起飞前，都可以在预订的渠道免费变更。

# 其他准备

## 1. 座位选择

选座位不是新鲜事，但付费选座位对于一些人来讲可能还比较陌生。廉价航空公司基本上对于座位的挑选采取收费的方式，但如果你不愿意付费其实也没有关系。如果多张机票是一起订的，系统并不会刻意地把几个人拆开，这个服务应该说是不错的。但是如果存在座位方面的特别

需求，那还是乖乖地接受收费吧。所有的飞机因设计的原因确实存在一些腿部空间更大的位置，比如对于双通道飞机来讲，分为左、中、右三个分区，每个分区三列座位，腿部空间大的位置，一般存在于这三个分区的第一排。又可能由于洗手间的存在分为前、中、后分区，这样腿部空间大的位置可能就不止一排了。单通道飞机这样的位置同样存在于第一排，在挑选位置的界面中可以很方便地看到。

对于带宝宝或儿童出行的家长来讲，最好选择飞机腿部空间比较大的位置。因为有照顾宝宝的需要，会经常离开座位，比如去卫生间，或者去准备宝宝吃喝的东西，更有甚者，宝宝可能需要遛弯。记得在从北京飞马尔代夫的 9 小时里，由于我家宝宝精力太旺，而且飞机也是早上起飞的，宝宝不停地在飞机过道里走来走去，作为家长就只好跟着啦。这进进出出的位置要是影响到别人，那就是相当麻烦的一件事情。

挑选付费座位是个技术活，或者说还是需要点小聪明的。首先，尽可能选择靠前的位置，因为下飞机会节省很多的时间，当遇到飞机晚点，您正巧还需要着急赶下一航班的时候，优势就更明显了。其次，前文提到的左右区第一排不太适合，因为在那些分区有一些飞机上的安全设施，航空公司也会明确提示那些位置不适合儿童，于是主要的选择就在中部区域。

一般情况下，我们出于省钱目的只会购买中间分区的一个位置，也就是中间的位置。这样其他选择的乘客出于相邻而坐的原因就不会再选择旁边的两个位置，这样相当

于事实上拥有了 3 个位置。也许您会问这样是不是妨碍别人呀？完全不会，因为飞机上这样的位置在前后左右还有很多。多数夜间航班，有了这样的位置，一般都是家长在抱着孩子睡觉。同时推荐再购买一个位置在第一排的后面，这样就有两个家长照顾孩子，而第二排起的位置就非常便宜了。

如果您觉得廉价航空公司这样的卖座方式太过于“苛刻”，还不如普通航空公司跟柜台直接提要求，那您得有心理准备了，因为中国的主要几家普通航空公司正在推动这样的付费座位服务。

大家可能听过航空公司会适当超售一些位置以避免一些临时客人的取消。事实上，即使这样的飞机上可能还是有空位的。聪明的廉价航空公司于是又想到了一个赚钱的办法，那就是卖空座。试想一下，自己占着相邻的 3 个位置，完全可以保证你舒服地睡个好觉。

如果您正巧有这样的想法，这里又得给出一个建议了。因为航空公司出售这样的位置是针对整个订单的，如果人数太多，却只想给其中某些人购买这样的服务的话，得提前把订单在系统中做拆分。不然你就必须得为每一个人购买，才能接受这样的服务，这算是斗智斗勇了。

## 2. 餐饮

对于廉价航空的餐饮在预订时可以不必选择，以节省时间抢票。一旦票订好了，可以根据自己的习惯或是航班

的时间表，考虑是否需要加订餐饮服务。可以提前准备一些食品自己带着，现场购买是不推荐的，一则飞机上的餐食只有在有富余时才会出售；二则价格会更贵。推荐在中转航班上预订下餐饮服务。

## 3. 行李

廉价航空一般都不提供行李免费托运服务，但基本都允许带 20 寸的行李箱上飞机。所以我的建议是旅行时携带 20 寸的箱子就够了，如果因为温差的原因造成多余衣物放不下，多带几个袋子即可。随身携带行李其实不仅仅是省钱的事，更主要在于方便，如果想要拿物品，可以很方便地取出来。

更重要的是，随身携带行李可以省去下飞机后等行李的时间，同时，随身行李还避免了行李损坏或是丢失的情况出现。所以在准备行李时，化妆品等液体瓶装大小都要符号机场的规定。虽然机场规定一般随身容器大小不超过 50 毫升，但如果你带了一个 88 毫升的防晒霜，机场还是会放你走的。如果购买廉价航空的行李配额，还是比较贵的。

## 4. 保险

很多航空公司都有推荐的保险用来应对误机、丢失行李的风险。但实际上，这个保险干吗非从航空公司买呢？国内专业行业提供各种保险，覆盖各种范围的保险有很多，比如上淘宝，诸多提供服务的供应商，可以慢慢挑。而且沟通语言和索赔语言都是中文，又在国内，因此没有必要购买国外的保险。

## 重要的航空小知识：航变

特价机票一旦预订，基本上变更取消是没有希望的，最多也只能退还些许税费，但是如果遇上航空公司发布了变动通知（简称“航变”），对于有需要改票或是退票的人来讲，这就是最大的福音了，因为这相当于航空公司单方面改变运输合同。这样，原来的退改条款就失效了，这时，便可以理直气壮地要求航空公司改签自己想要的日期或是退票，所以即使放弃飞行计划，也不要急于取消，最晚可以留到起飞前一天再决定。

还有一种更高级的操作：比如预订的航班 A 航变了，同时发现航班 B 更符合出行要求，这时完全可以跟航班 A 确认一下是否可以全退。先不要操作退票，待得到肯定答复后，直接预订航班 B，然后再免费取消航班 A。其中，航班 A 和 B 可以是不同的航空公司，这样的操作既可能优化飞行时间，还能省钱。锟爸不但在 6 年的业务处理中遇到大量这样的情况，而且我们也曾亲身经历过。

**小贴士**

国外遭遇航班延误或取消，在回国后要及时拨打保险公司的服务热线保证自己的权益。

# 实战讲解：抢购特价机票的操作方式

在这儿选择了亚洲航空，为什么是亚洲航空呢？因为亚洲航空的业务范围，一是基本覆盖了全部亚洲，远一点的澳大利亚和新西兰也包括其中，北京到澳大利亚大促时的往返机票含税不到3000元；二是在中国的出发城市也最多，而且都是热门一线、二线城市；三是其他廉价航空公司的流程也大同小异。

目前，亚洲航空在中国境内包括港、澳、台的航站达16个（北京、杭州、成都、广州、深圳、桂林、重庆、武汉、西安、香港、澳门、台北、昆明、上海、南宁、长沙），来往中国航线共33条，每周直飞马来西亚、泰国和菲律宾的航班达344架次。2013年度，中国航线的平均客座量达到81%以上。

| 亚洲航空 AirAsia | | | |
|---|---|---|---|
| 广州 | | | |
| 广州#吉隆坡 | 每天3班 | 21 | 2008年1月17日通航 |
| 广州#曼谷 | 每天1班 | 7 | 2009年1月20日通航 |
| 广州#沙巴 | 每天1班 | 7 | 2012年12月25日通航 |
| 深圳 | | | |
| 深圳#吉隆坡 | 每天2班 | 14 | 2007年7月15日通航 |
| 深圳#曼谷 | 每天1班 | 7 | 2007年7月15日通航 |
| 深圳#亚庇（沙巴） | 每天1班 | 7 | 2007年10月2日通航 |
| 澳门 | | | |
| 澳门#吉隆坡 | 每天3班 | 21 | 2004年12月15日通航 |

续表

| | | | |
|---|---|---|---|
| 澳门 # 曼谷 | 每天 4 班 | 28 | 2004 年 7 月 5 日通航 |
| 澳门 # 清迈 | 每天 1 班 | 7 | 2012 年 5 月 22 日通航 |
| 澳门 # 马尼拉 | 每天 1 班 | 7 | 2013 年 12 月 6 日首航 ,2014 年 7 月 1 日增至每天一班。 |
| 香港 | | | |
| 香港 # 吉隆坡 | 每天 4 班 | 28 | 2008 年 5 月 15 日通航；2010 年 1 月 21 日起增至每天 4 班 |
| 香港 # 曼谷 | 每天 3 班 | 21 | 2008 年 10 月 26 日通航；2013 年 4 月 30 起增至每天 3 班 |
| 香港 # 亚庇（沙巴） | 每天 2 班 | 14 | 2010 年 6 月 1 日通航；2012 年 2 月 21 日起增至每天 1 班 ;2012 年 12 月 26 日起增至每天 2 班 |
| 香港 # 普吉 | 每天 1 班 | 7 | 2009 年 11 月 15 日通航 |
| 香港 # 清迈 | 每天 1 班 | 7 | 2014 年 1 月 7 日通航 |
| 桂林 | | | |
| 桂林 # 吉隆坡 | 每周 4 班 | 4 | 2008 年 9 月 3 日通航 |
| 重庆 | | | |
| 重庆 # 曼谷 | 每天 2 班 | 14 | 2012 年 3 月 23 日通航；2013 年 7 月 1 日起增至每天 2 班 |
| 武汉 | | | |
| 武汉 # 曼谷 | 每天 2 班 | 14 | 2012 年 10 月 19 日通航；2013 年 6 月 3 日起增至每天 2 班 |
| 南宁 | | | |
| 南宁 # 吉隆坡 | 每天 1 班 | 7 | 2012 年 12 月 11 日通航；2013 年 12 月 25 日增至每天一班 |
| 长沙 | | | |
| 长沙 # 曼谷 | 每天 1 班 | 7 | 2014 年 1 月 24 日通航 |
| 西安 | | | |
| 西安 # 吉隆坡 | 每周 4 班 | 4 | 2014 年 7 月 2 日通航 |

续表

| | | | |
|---|---|---|---|
| 西安 # 曼谷 | 每日 1 班 | 7 | 2012 年 11 月 16 日通航 |
| 昆明 | | | |
| 昆明 # 吉隆坡 | 每天 1 班 | 7 | 2012 年 12 月 10 日通航；2013 年 7 月 2 日起增至每天 1 班 |
| 昆明 # 曼谷 | 每天 1 班 | 7 | 2013 年 11 月 15 日通航 |
| 台北 | | | |
| 亚庇 # 台北 | 每天 1 班 | 7 | 2010 年 1 月 15 日通航 |
| 杭州 | | | |
| 杭州 # 清迈 | 每天 1 班 | 7 | 2014 年 2 月 21 日首航 |
| 杭州 # 亚庇 | 每天 1 班 | 7 | 2013 年 8 月 1 日通航 |
| 上海 | | | |
| 上海 # 马尼拉 | 每天 1 班 | 7 | |
| | | 302 | |
| 亚洲航空长途公司 **AirAsia X** | | | |
| 吉隆坡 # 杭州 | 每天 1 班 | 7 | 2008 年 2 月 4 日通航；2013 年 7 月 1 日起增至每周 6 班；2014 年 3 月 3 日起将增至每天 1 班 |
| 吉隆坡 # 台北 | 每天 2 班 | 14 | 2009 年 7 月 1 日通航；2010 年 4 月 15 日起增至每周 9 班 |
| 吉隆坡 # 成都 | 每天 1 班 | 7 | 2009 年 10 月 20 日通航；2013 年 7 月 1 日起增至每天 1 班 |
| 吉隆坡 # 北京 | 每天 1 班 | 7 | 2012 年 6 月 22 日通航；2012 年 8 月 6 日起增至每天 1 班 |
| 吉隆坡 # 上海 | 每天 1 班 | 7 | 2013 年 2 月 18 日通航；2013 年 5 月 1 日起增至每天 1 班 |
| 小计（按2014年7月2日截止统计） | | 42 | |
| 航班总计 | | **344** | |

好了，开始吧！

1）首先，你会收到亚航促销的邮件，收到邮件后，请确认这是不是大促。大促的好处：一是机位多；二是价格最便宜；三是出行日期随便选，因为基本每个日期都有大量空位。

同一个出行日期基本上会有两次以上的大促，这里强调建议第一次就下手。另外还有一个问题，即廉价航空，包括亚航能预订的出行时间都是很久以后的。最多甚至可能是一年以后，这个也不用担心，一般亚航每隔半年会大促一次。如果你每次都订，那么实际出行的间隔也就是大概6个月，符合大家的休假和出行习惯。一般来讲，实际大促抢票的开始时间是从星期一的零点开始。

2）查看航段最低价。在每次大促时，航空公司都会预告最低票价是多少。这个信息，既可以从航空公司直接发布的信息中获得，比如亚航微信的互动，也可以从第三方搜索优惠信息的服务信息中获取。

### 小贴士

怎样帮助宝宝调整时差?

对于宝宝睡眠昼夜颠倒情况可以试着限制白天的睡眠时间不要过长，以一次不超过3小时为好。

如果时差很大，一个方法是让宝宝明白什么时候是白天，什么时候是夜晚。白天要多出门走走、在户外玩耍，但不可过分，不要让孩子过于疲劳。下午晚些时候或是黑天后，安排一些安静的活动，把灯光调暗，帮助他为睡觉做准备。

如果孩子还不能真正地明白白天和黑夜的关系，且白天一直在睡觉，此时就要采用一些方法把孩子弄醒。弄醒孩子的办法有很多: 更换尿布或尿不湿、轻轻触碰孩子的皮肤、挠挠孩子的脚心，以及抱起说话，等等。

如果一时间难以纠正，也不要太着急，慢慢适应即可。切不可强行不让孩子睡觉引得孩子情绪上的波动。一个太疲倦或白天过于兴奋的孩子，晚上会更加睡不好。

3）提前登录并录好出行人信息，如果没有办护照，也没有关系。因为亚航订票可以不需要护照号，只要在飞行前补上即可。

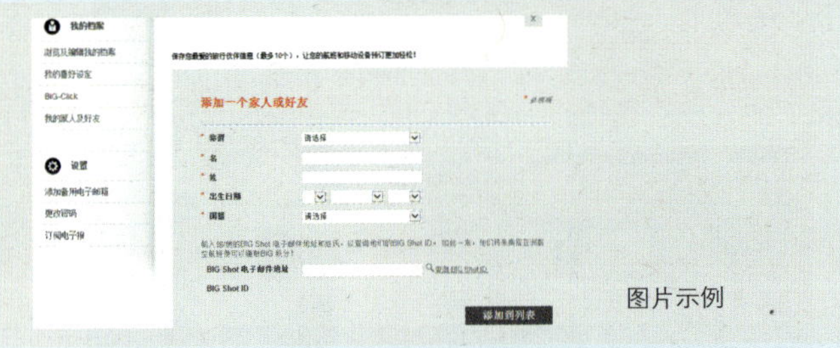


图片示例

4）可以的话，提升网速。

5）在 23:40 左右时，就可以输入自己想要的往返日期进行检索，并保持这个界面。

这样只要库存和价格一放出来，只需要点一下日期后面的“更新”即可，而不必输入大量的日期和目的地数据。就算你在首页搜索框重新录入了目的地和日期，最终还是会走到这一页，所以直接到达这一步会节省时间。

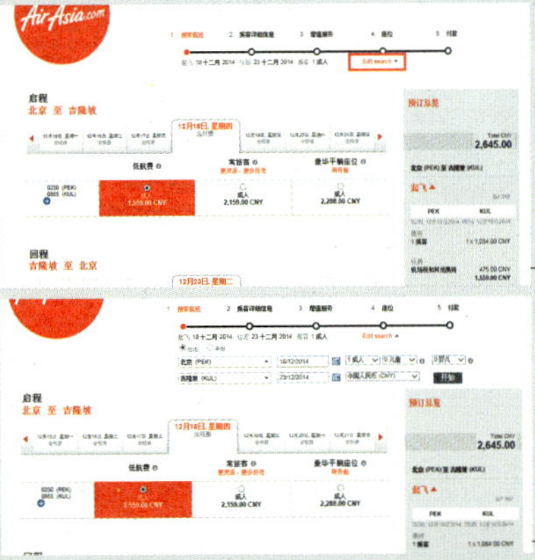


①默认收起已输入日期项

②展开日期输入项

6）上面的界面一定要提前至少 10 分钟左右就开始一直刷新，因为亚航并不是零点准时放票，一般提前 5 分钟左右就放票出来了。等刷出价格后，检查一下是不是跟预告的最低价格一致，如果不是最低价，那必须等到至少零点。

7）刷出票后，迅速选定已定的时间组合（系统会提供一个默认组合）。时刻表一般很少变动，所以也可以提前查看其他日期的时刻表，把一些需要考虑的问题提前就准备好了，比如中转最短间隔航班（亚航不一定全是按到达时间默认排序）。

8）选定常旅客（建议至少提前 24 小时录好，避免网络拥堵）。

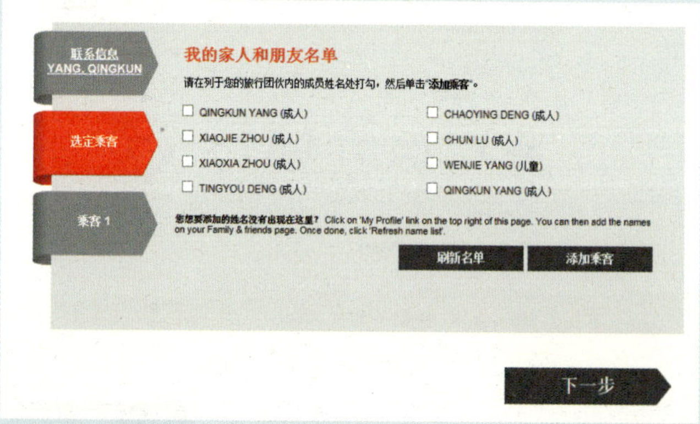

9）去掉行李、餐食和保险服务。这些服务一旦购买了是不能退款的；反之，如果没有买，等机票订好后还是可以补买的。

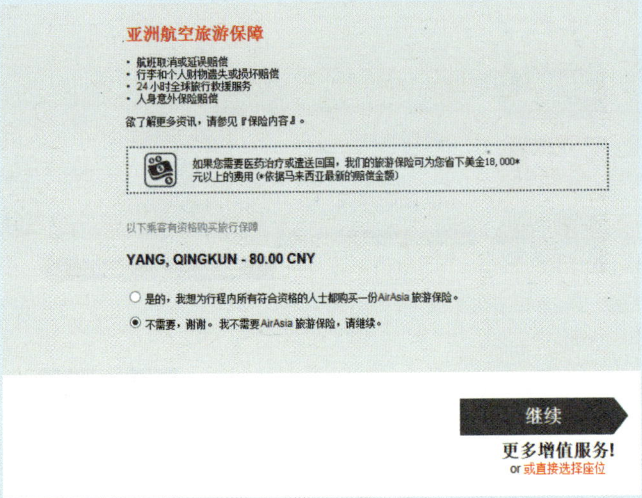

亚洲航空旅游保障
• 航班取消或延误赔偿
• 行李和个人财物遗失或损坏赔偿
• 24小时全球旅行救援服务
• 人身意外保险赔偿
欲了解更多资讯，请参见『保险内容』。
如果您需要医药治疗或遣送回国，我们的旅游保险可为您省下美金18,000*元以上的费用（*依据马来西亚最新的赔偿金额）
以下乘客有资格购买旅行保障
YANG, QINGKUN - 80.00 CNY
是的，我想为行程内所有符合资格的人士都购买一份AirAsia旅游保险。
不需要，谢谢。我不需要AirAsia旅游保险，请继续。
继续
更多增值服务！
or 或直接选择座位

10）跳过座位选择，理由同上。

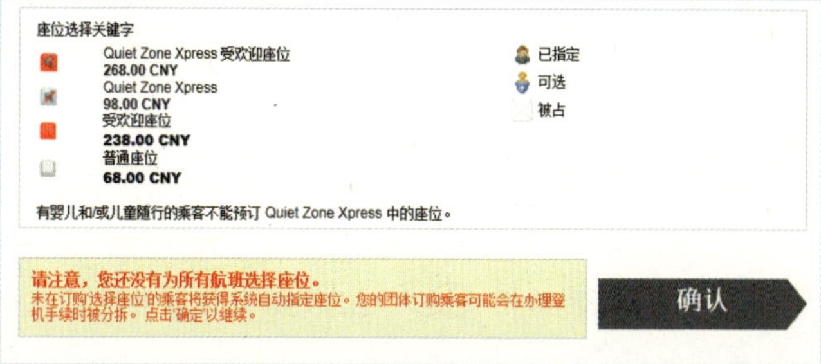


11）在这个过程中，一直要关注右侧总价是否发生了变化。如果有变化，证明肯定被默认购买了一些东西。如果是这样，可以考虑在不太损害时间的前提下后退去掉，因为时间花费得越多，折扣一变就得不偿失了。

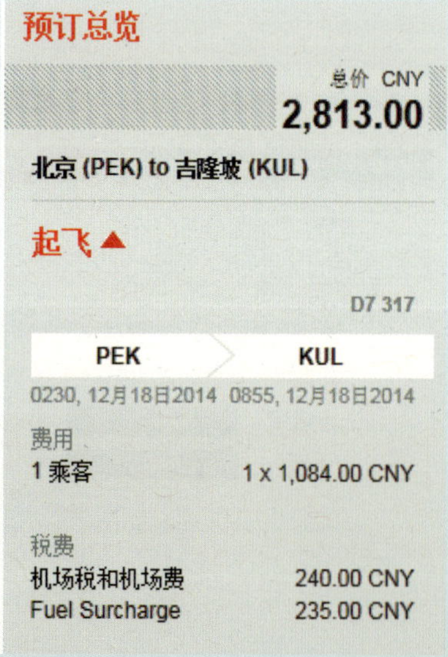

12）到了支付界面时再确认一下航班信息，注意日期。因为跳到下一步，这些信息就看不到了，如果走到下一步再后退的话，所有信息都会消失，必须得重新全部来过，这样就不能保证能抢到票了。

13）选择支付时，优先选择用支付宝支付，因为没有手续费，但建议提前把快捷支付之类的功能设置好。如果没有设置好也没有关系，只要你保证有两张以上的信用卡（如一张 Visa 卡和一张 Master 卡），基本都能搞定。到了这个阶段，相当于订单已被提交，半小时内付款都没问题。但还是建议速战速决，免得“夜长梦多”，而且在这样的背景下，服务器负荷太大，容易造成支付困难。

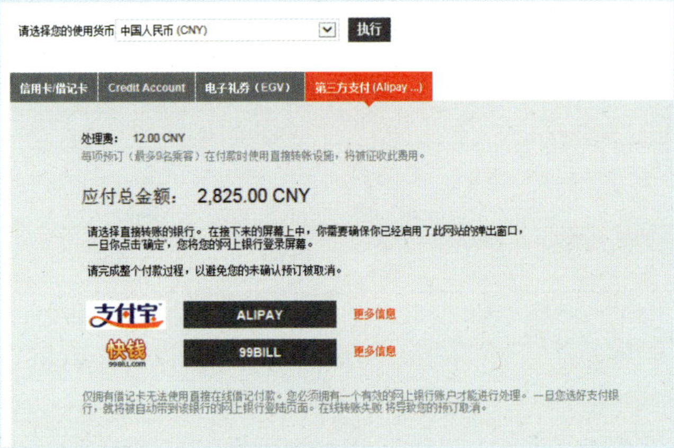

14）支付成功，一切搞定。

如果有任何问题，还可以联系其电话服务中心：

电话服务中心：

| 地区 | 电话号码 |
| --- | --- |
| 中国大陆 | +86 20 2281 7666 |
| 中国香港特别行政区 | +852 3112 3222 |
| 中国澳门特别行政区 | +853 0800912 |
| 中国台湾 | 00801853031 |

亲子自助旅行指南

## 亲子旅行之如何搞定住宿？

# 092-107

亲子自助旅行指南
Travel Guide
亲子旅行之如何搞定住宿?
TravelGuide

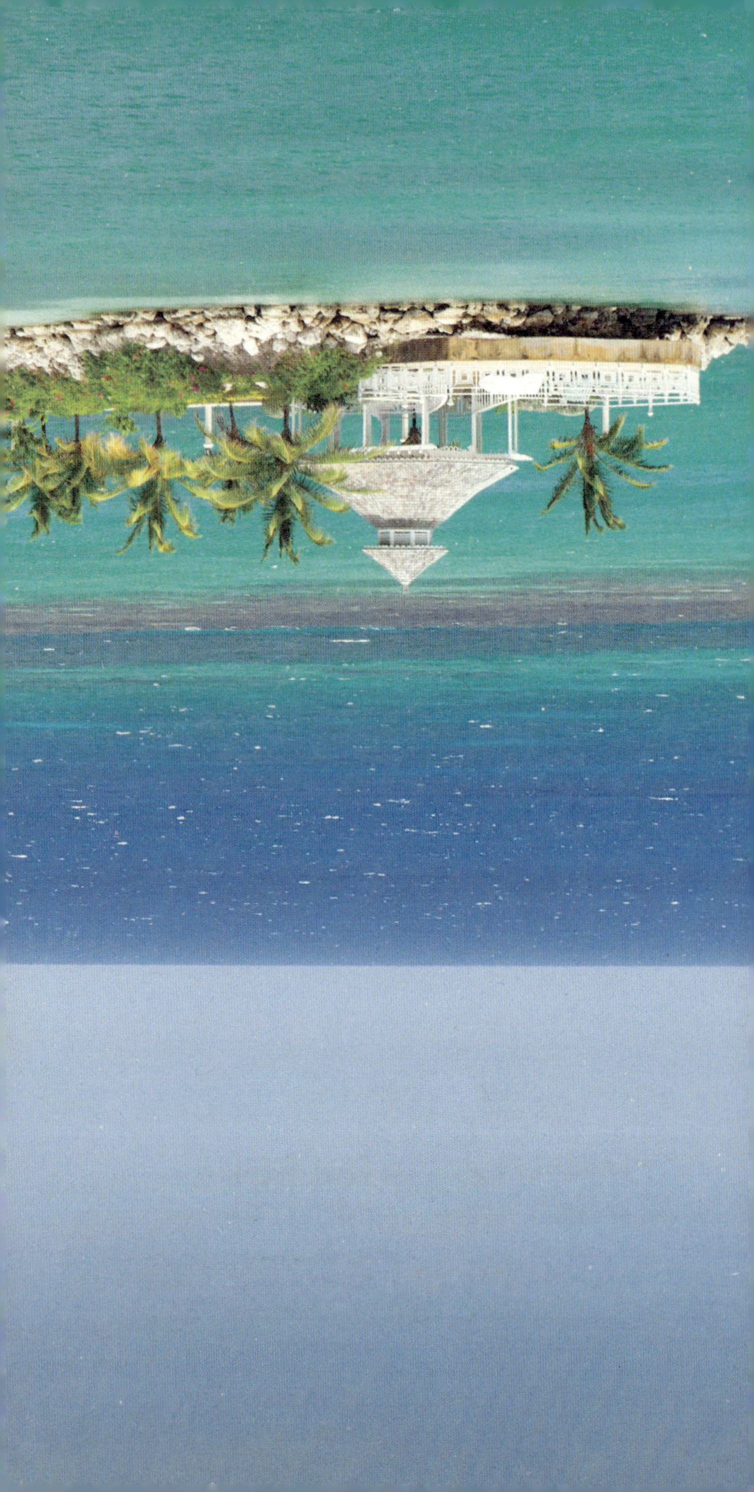

# 在线预订国内、外酒店

无论国内旅行还是国外旅行，酒店相当于是我们临时的小家，带着孩子旅行需要对酒店格外注意。

## 国内、外常用酒店的在线服务商

亲子旅行出发前，我们势必要预订酒店。网上预订酒店是必不可少的步骤，那么了解国内外常用的酒店预订服务商，是非常有必要做的事情。

### 国内常用酒店在线服务商

国内酒店预订的主要服务商为几家在线服务商，即携程网、艺龙网和去哪儿网。随着竞争的加剧，这些服务商一方面在向着平台化发展；另一方面也在努力拼服务，为客户创造更大的价值。

### 两点值得注意的地方

第一，订酒店，获返现。本来在线服务商的一部分利润来源是客人支付给酒店费用中包括的佣金，但不知从何时起，在线服务商将获得的佣金以现金形式返还客人。这一行为导致行业的主导者虽然被迫跟进，但有时会设置一些操作上的漏洞，让客户忽略返现。比如携程网，虽然返现，

但还是通过增加入住后的确认步骤，有意识地让客户“故意”忘记这个情况。相比之下艺龙就比较干脆了，只要在下单时勾选了返现，金额返到账户之后，直接可以提现到银行卡里。通过这种方式，大概可以节省 10% 左右的房费。如下图所示返现政策：

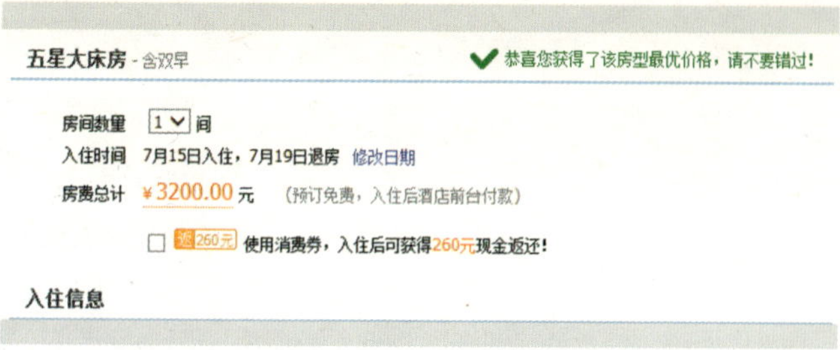
五星大床房 - 含双早
恭喜您获得了该房型最优价格，请不要错过！
房间数量 1 间
入住时间 7月15日入住，7月19日退房 修改日期
房费总计 ¥3200.00 元 （预订免费，入住后酒店前台付款）
返 260元 使用消费券，入住后可获得260元现金返还！
入住信息

第二，利用手机客户端查询价格。前面提到，主要的在线服务商向着平台化发展，也就是在平台发布价格的是不同的供应商，当然也包括服务商自己提供的产品，于是这里面便有了更低价的机会。由于推广移动端的需要，手续客户端展示的价格是最全的，包括只在手机端放出的价格。我们就曾经在携程网的手机客户端里，预订到了三亚某五星级酒店最低的价格。

## 国外酒店在线服务商

国外酒店在线服务商很多，除了几家行业巨头如Expedia、Orbit、Travelocity 等。同时还有风头正劲的 Priceline 旗下的 Agoda.com 和 Booking.com，特别是其在中国的业务发展，不论是从客户源或是供应商均可以说一日千丈。这两个品牌各有侧重，前者主攻预付，后者主攻担保酒店现付，由于其拥有较高竞争力的价格和完整的客户评论体系，成为我们自己出行的首选和主要推荐的服务供应商。

# 亲子旅行如何选择酒店？

## 选择酒店的5点标准

### 1. 位置

旅行在外，位置应是第一位的考虑，当然如果不差钱的话，什么标准都不是问题，但我们出行更看重性价比，所以需要在各标准间取得平衡。位置选择应尽可能靠近主要的景点或是地标，具体情况取决于出行的目的地。比如去海岛，当然希望一推开门就是沙滩，一拉开窗帘就是大海；如果去大城市，当然希望能紧临地铁，这样方便在城市里穿梭，而且免去潜在的出租车宰客；如果去香港，自然希望走几步就是购物街。所以位置取决于目的地，一旦敲定了目的地，位置需求也就出来了。

我们曾去过马尔代夫一个叫马富士的居民岛，全岛最好的海滩就在岛上的一角，而我们就把房间订在了那个角上，透过窗户能看到讲各种语言的游客在窗外晃来晃去，这样感觉真的不错。因为有时并不在于酒店有多贵，而是你在预算范围内做出了最好的选择。

如何选择位置好的酒店呢？方法是打开主流预订网站如 Booking.com 或 Agoda.com，输入目的地和日期后，便出

现带价格的酒店列表。点击地图模式或是点开具体酒店的地图时，那一片区域所有的酒店都会展示出来，鼠标划过，会显示出酒店的名称。找出希望靠近的主要地标或景点，然后再检查哪些酒店离你的兴趣点更近。除非有商业或交通等其他方面的诉求，否则是越近越好。这一步主要列出了离感兴趣位置最近的一批酒店，供下一步使用。

## 2. 预算

一般来讲，出行都会有一个预算，当然如果酒店达到心理标准的前提下，价格越低越好。

如果选择经济游玩，那么一般性质的经济型酒店是首选，其中包括锦江之星等连锁酒店。价格在每晚 200 ~ 300 元。

如果想要舒服一些，不妨预订一些四星级或者五星级酒店，这些酒店住宿条件比较好，同时早餐也会比较丰富。价格一般在每晚 500 元左右。不过如果是三亚等热门旅游景区，例如亚龙湾，价格会更高些，甚至上千元。

如果选择“土豪游”，基本上就不会在意花费多少了，酒店的级别越高，价格也就越高。

当然还有一些人会选择宿营帐篷，但孩子的年纪比较小，如果孩子可以接受，偶尔尝试一下也未尝不可。

由于前面第一步已列出了一批备选酒店，在这一步时，

就需要在地图浏览模式下，一一点进去查看酒店。不但要看起价，而且要看房型价格，有些酒店比较会制造噱头，拿出一些没窗的特价房，此处要多加留意。查看这些酒店价格时，把符合条件的酒店排一个序，然后参考第三个标准，那就是评价。

### 3. 评价

出门在外，谁也不愿意去当小白鼠，特别是远在异乡国度。住一个很糟糕的酒店绝对是一个噩梦，比如不太干净，环境嘈杂。但对于付了款预订的酒店你又能如何呢？因此避免问题强过于解决问题，我们要站在“巨人”的肩膀上，去选择那些被实践证明了的好酒店，避开那些评价不好的酒店。

前文推荐的在线服务商均有非常丰富和最新的评论，既可以看评分，也可以看评论的具体内容。大多数情况下，查看评分就足够了。因为这是一个比较综合的评价，但也有一个例外，那就是评论数较少的酒店不能只看评分，这应了那句广告语：“大家说好才是真的好。”

### 4. 查看婴儿和儿童政策

目前，还没有任何酒店会对婴儿收费，而且在情况允许或提前预订的情况下，酒店甚至能提供免费的婴儿床。在床型选择上，尽量是大床和比较矮的床（如果能查到的话），防止婴儿从床上滚下。

关于儿童订房政策，这就因酒店而异了。有的酒店 2 ~ 3 岁的儿童不占床的情况下不收费；有的酒店 2 岁以上儿童需要收费；还有的酒店要求必须加床。但也不复杂，因为在上面已排序好的酒店里查看一下儿童政策即可，选花费少或综合考虑更平衡的方案。

比如在 Agoda.com 上，新加坡最著名的金沙酒店的婴儿和儿童政策：1 岁以内免费，但如果使用婴儿床需要收费；2 ~ 12 岁如果不加床，免费。就这个政策来讲，已是非常宽松和友好的了。

### 5. 货比三家

这个道理中国人再熟悉不过了，比如国外酒店预订，虽然 Agoda.com 和 Booking.com 都属于同一个集团。但运营还是相对独立的，所以在对酒店资源和房态的控制上自成体系。我们就亲历过货比三家的好处，通过上面的流程在 Agoda.com 上选出最终的酒店后，在马上付款前，又到 Booking.com 上查看了下，结果发现一个位置更好、价格更优惠、房型更高级的酒店。

# 亲子自助旅行，机票＋酒店如何一次搞定？

可通过购买相应的打包产品一次性搞定机票和酒店。

## 航空公司的打包产品

航空公司一般涉足打包产品只有一个诉求，那就是卖出自己的机票。一方面它们有很强的与资源采购方议价的能力，像酒店和旅游供应商一般都视航空公司为优质客户；另一方面航空公司不愿意在采购的非机票要素产品上加价，或是只加很少的利润。原因还是希望给客户创造价值，提高航空公司的竞争力。国外的航空公司推荐 AirAsiaGo.com，也就是亚航旗下专注于度假的服务平台。

## 旅行社尾单和甩位

我们最喜欢这类产品，因为这完全是旅行社“割肉出局”的节奏。产品价格完全不按成本定价，能卖出多少算多少，能回一分本是一分。

举个例子，北京飞马尔代夫的往返机票含税费大概是 1100 元左右，也就是航空公司需要支付给机场和政府的相关费用就是 1100 元。但为什么还能在市场看到 999 元往返

含税的机票呢？为什么机票免费了还要给客人贴税费？这是因为机票并不是由航空公司出售的，而是由于旅行社提前订了位置并交了钱。眼看离飞机出发日期越来越近，乘坐飞机的人却不够，旅行社就会把这些余位通过特定的渠道抛给市场。

在网络还没有这么发达的时候，旅行社只能通过“家属价”或是在有限的范围内甩位，后来出现了专门代理旅行社余位抛售的网络服务商，如：中青旅的抢游惠网和来来汇网。

预订这类产品时需要有充足的心理准备，因为一般好的价格都是一周内或是签证截止的最后一天放出。且这类产品一般不分婴儿和儿童，全部按成人价格计算。

## 在线服务商常规打包产品

国内外的主要网络旅行服务平台均提供机票加酒店的打包套餐，这类产品的特点是：服务商在套餐产品里降低了自己各个要素的利润，所以折扣力度一般不会很大。

亲子旅行的医疗保险

# 108-143

# 亲子旅行的医疗保险

TravelGuide

# 亲子旅行的 医疗保险

旅行本身就是一种不同生活的尝试和探索，身处异国他乡，如何处理突发问题呢？如果孩子在外生病了，在医院看病后如何操作保险流程呢？国内与国外医疗保险有何区别呢？

# 旅行险的种类

旅行保险的种类，一般分为国内旅行保险、国外旅行保险，以及工作/留学旅行保险，有些保险公司还将申根保险单独作为保险种类之一。除了这种分类以外，还有将具体险种进行分类的情况，比如人身意外险、救援险等。

## 国内旅行保险

一般也称作境内旅行保险，这种叫法是相对于国外旅行保险而言的。国内旅行保险主要保证人们在国内景区游玩过程中，一旦发生人身意外伤害、疾病以及其他一些突发事件能获取理赔。在保险期间内，被保险人发生意外情况，保险公司会根据合同内容进行相关的赔偿和承担责任，支付必要的医疗费用。

## 国外旅行保险

国外旅行保险一般是指国外旅行、探亲等目的，前往国外时购买的保险险种。国外旅行保险的特点在于具备 24 小时救援服务，囊括人身意外伤害、医疗以及相关救助等服务。

## 工作/留学旅行保险

这类旅行保险指的是因工作、出国留学等原因，需要前往其他国家所办理的旅行医疗保险。选择这类旅行保险，需要考虑各个方面的因素。一是要遵守前往国家的规定以及入学流程；二是需查看旅行保险项目的承保内容，除了一般的人身意外险、医疗险等外，是否还包括一些具有风险的体育休闲项目，同时还要关注此类保险在当地发生自费医疗费用，是否可以理赔等。

以上三类旅行保险在我们出行时，都会涉及。旅行保险种类看似很简单，但是在购买方面还是需要认真研究和选择的。根据出行方式以及目的地国家的不同，同时根据随行人员等各方面的情况，综合评定到底购买哪一款旅行保险才是最合理的。不论购买哪种保险，都要认真阅读保险合同的细则，同时在购买时还要分清主次，根据主要目的选择购买。

亲子自助旅行指南 小贴士 Travel Guide

**何谓旅行社责任险？**

旅行社责任险，指的是旅行社在组织游客出行前，先行购买的旅行保险，这种保险是国家强制规定必须购买的保险险种。主要目的在于如果旅行社在组织游客游玩过程中，实际行程与之前的行程计划出入较大，或者由于旅行社的过失造成游客的人身意外伤害等情况时，承担起主要的赔偿责任。但是这种保险的最终报销赔偿仍是保险公司，并不是旅行社本身。

★购买国外旅行医疗保险，有很多细节需要注意。

砰！
啊？不能用旅行医疗保险？
Sorry...
购买旅行保险，必须要注意该保险对于年龄范围的规定，不在年龄范围之内的得不到医疗保障
下次一定要先了解清楚。
旅行专家

# 旅行医疗保险

常见的旅行保险都比较容易理解，在选择和购买方面只要用心研究，借助专业人士的意见和建议就可以选择一款比较好的旅行保险。然而更多的朋友对于旅行社责任险往往处于比较模糊的层面，同时也比较容易忽略，原因在于这部分保险已经包括在团费或者其他费用中，一般不会单独罗列出来。

一般来讲，我们都习惯于只是购买旅行意外险，并不会专门购买旅行医疗保险，最多只是在旅行意外险的基础上，购买一份附加的医疗险而已。事实上，很多人往往忽略了最重要的部分，即旅行医疗保险。旅行意外险主要是保障在意外发生的时候，我们可以获得相应的赔偿，而旅行医疗保险才是切身保证出行者利益的根本所在。

旅行医疗保险从目的地的归属上，分为国内旅行医疗保险、国外旅行医疗保险两种。国内旅行和国外旅行在旅行医疗保险的购买支付流程相似，但在选择购买哪种保险上则需要更多地关注和研究。

★购买保险的价格需要仔细斟酌。

我应该买多少钱的医疗保险呀?
这个需要参考出行目的地的医疗水平以及消费水平，并不是钱越多越好的。
旅行专家
一定要注意医疗保险的有效期限，超过了这个期限就不能使用了。
旅行专家
保障计划里的每一项内容都要仔细查看，避免对自己造成损失。祝您旅行愉快！
旅行专家

# 国内旅行医疗保险

旅行医疗保险一般包括意外身故或者伤残、急性病身故、意外及急性病医疗、紧急医疗运送和送返、住院补贴、遗体遣送、意外医疗等，具体内容的选择，可根据自身的需求情况确定。

## 国内旅行医疗保险的种类

根据旅行的出行方式和目的地，旅行医疗保险可以分为户外旅行医疗保险、一般旅行医疗保险，以及针对老人及孩子的旅行医疗保险。

**户外旅行医疗保险：**我们所说的户外不仅仅限于户外运动，同时包括因地区原因导致的条件限制，以及自助游等形式的旅行。地区原因限制的条件通常包括高原地区、沙漠地区等。鉴于这些特殊条件，我们所购买的医疗保险中应该具备这几项内容：意外事故以及医疗、意外身故及残疾、意外住院补贴以及高原反应医疗等。

亲子自助旅行指南 Travel Guide

**小贴士**

确定好需要购买的险种后，选择付款和打印电子保单。电子保单不存在丢失的风险，即使丢失还可以重复打印。单一的纸质保单如果丢失，补办起来相对烦琐。纸质保单的丢失还可能影响到相关的理赔不能按时进行，甚至无法履行的后果。

**一般旅行医疗保险：**是指大多数人购买的保险种类，其中涉及意外事故、意外事故医疗、意外身故以及其他保障项目。这类保险适用于对出行地没有特殊要求的情况下购买。

**专门为孩子购买的旅行医疗保险：**包括但不限于意外医疗、意外事故以及意外救援等。根据孩子在旅行中可能遇到的问题，购买相应的保险种类。

**针对特殊群体的旅行医疗保险：**受保对象包括但不限于老人以及孩子，同时还包括一些身体有残疾的朋友。

这类保险的所保障的内容，最好包括意外事故医疗以及住院补贴的报销，同时包括紧急医疗救援等。除此之外，还有一点非常值得注意，对于老人和孩子，及一些行动不便的群体来讲，还可以购买带有航班延误、行李延误等其他保障性内容的保险种类。众所周知，这部分群体出行会比较困难，较长的等待时间对他们本身以及同行的亲人朋友的体力、精力，都是一种挑战。

## 购买国内旅行医疗保险的注意事项：

**1. 根据出行方式不同，选择的旅行医疗保险的种类和偏重点就会发生变化**

对于跟团游来讲，旅行医疗保险的偏重点在意外情况、医疗费用等的索赔事宜。

对于自驾游或者自助游，应对可能发生的风险采取相关保障措施。根据需要，可以相应地增加第三者的责任险种，例如人身意外险、自然损害险种等。

此外，经常出游的朋友，可以考虑购买以年为期限的包含交通、旅行意外发生等综合因素的险种。

**2. 认真研究，明确旅行医疗保险的免责情况**

在与保险机构签订协议的时候，一定看仔细阅读相关的免除责任的情况。也就是说，在哪些情况下，保险机构不负责保障和相应的赔偿。我们购买旅行医疗保险的目的，就是为了将旅行中发生意外的风险值降低，因此在免责条款中，更要注意关于医保期限、报销费用限制等与我们的权益息息相关的规定。

**3. 自助游购买旅行医疗保险时，尽量选择保险范围全面的险种**

自助游和跟团游相比，发生风险的可能性会高。不像跟团游，自助游的方方面面都需要自己着手准备。因此购买的旅行医疗保险有必要涵盖交通、医疗、紧急救援、后期护理等方面可能需要的保障。

**4. 确认旅行医疗保险的年龄限制**

带着孩子出行，一定要看清楚每个险种对于年龄的限制。有的险种年龄从 1 岁开始，也就是说，1 岁以下的婴儿

是不在保险范围内的，这一点常常被大家忽略。婴儿机票可以最后预订和购买，但是在购买旅行医疗保险的时候，不应想当然地认为，此险种也可以后续补充。

## 国外旅行医疗保险

国外旅行医疗保险大体可以分为东南亚国家旅游保险、欧盟国家旅行保险以及有特殊要求的旅行医疗保险。国外旅行医疗保险的构成，与国内旅行医疗保险非常相似，没有本质的区别。

### 国外旅行医疗保险的种类

**亚洲国家旅行医疗保险**

很多亚洲国家对于旅行医疗保险并没有强制要求购买的规定。如，一般的东南亚旅游险包括由意外造成的伤残、致死、医疗、紧急医疗救援等，如果你想添加其他的保障项目，比如住院补助、误工赔偿等一些非常规项目，那么投保的东南亚旅游险价格会高很多。

小贴士

**旅行社责任险的“小秘密”**

旅行社责任险承保范围，一般是指旅行社本身的过失造成游客发生意外的情况。换句换说，并不是所有的游客意外伤害都在旅行社责任险的承保范围内，因此旅行险与旅行社责任险同时购买并不冲突。很多人存在一种错误的认识，即旅行社责任险已经包括了所有在旅行过程中出现的意外情况的保障，殊不知，这类保险只是保障行程范围内的项目，在旅行过程中，自行活动部分发生的意外情况，不在旅行社责任险的承保范围内。

国外旅行保险提供的是周到而全面的保障，并提供24小时援助服务和咨询，大家从走出国门至回国的全过程，都会有相应的保障措施。在购买时，可以根据出国的天数选择需要支付的保险费用，也可以购买比出行天数少的保险，只是一般来讲，都是以出行天数为依据购买。另外若购买保险后遭签证国拒签，如果有涉及该保险类别的内容，还可退还已付的保险费。

**欧盟国家旅行医疗保险**

自2004年6月以来，欧盟申根国家均要求从中国大陆地区申请非公务签证的公民在签证时出示已购买的境外医疗保险英文保单原件，并要求保额达到3万欧元，折合人民币不少于30万元。迄今为止，需要办理旅游医疗保险的欧洲申根国家主要有：比利时、奥地利、瑞典、西班牙、挪威、丹麦、芬兰、葡萄牙、法国、德国、希腊、冰岛、意大利、卢森堡等。出国时，一定要随身携带保险单原件，因为在入境时目的地国家很有可能检查到访游客是否已购买保险，如没有则会被遣返，所以选择保险公司时要

**小贴士**

很多游客都会问：“旅行社已经为我们投保了旅行责任险，国外旅游险还需要吗？”这里大家需要弄清楚一个概念，旅行社的保险属于旅行责任险，这个保险费用是由保险公司支付，一旦出了事故是由旅行社进行赔偿；而旅游意外险的保费是由游客直接支付给保险公司的，出险后将由保险公司负责具体赔偿事宜，而且保险的涵盖范围较广，保障也高。

注意对方的境外医疗保险能否满足签证的要求。

之所以对保险金额有最低限制，是为了保证游客在旅游期间即使由于疾病或者意外事故而不幸住院，也不需要担心医疗费用的问题。由于欧洲国家的医疗收费较高，因此申根国家便限定了境外医疗保险的保险金额的最低限额。

## 国外医疗保险的购买流程

购买国外旅行医疗保险时，要选择好旅行医疗保险的具体险种，不同的保险险种对年龄有具体限制。同时保险支付理赔的方式也分为两种：一种是一切费用由保险公司支付，不过这类的保险，价格一般会高一些。但是却解决了由于费用不够，耽误治疗的严重结果。另外一种则是自己垫付，之后再凭借原始单据到保险公司报销。这种方式对原始凭证的要求比较高，因此一定要注意保管好。

## 对于购买医疗保险的主要途径

### 1. 各大保险公司

不论是平安保险、太平洋保险还是人寿保险，他们都有自己的网络平台以销售各种国外旅行医疗保险。我们只要按照提示选择适合自己的就可以了。

### 2. 专门针对旅行医疗保险的电商平台

除了第一点提到的各大综合性质的保险公司外，还有很多专门做旅行医疗保险的电商平台，不仅仅销售国外的旅行保险，对于国内旅行医疗保险，也有不同的险种和具体项目，比如大家保网、聪慧网等。

### 3. 代理平台

代理平台相对来讲比较纷杂，常见如淘宝的商家。这种代理比较灵活，但是在选择的时候，需要认真研究，判断其是否真的可以保障我们的权益。

## 国外旅行医疗保险的包含内容

1. 提供全程意外保险(包括飞机、公共汽车等交通意外保险)。在国内不提供保险的如骑马、滑雪、攀岩等危险活动，却在国外医疗保险责任范围内。

2. 旅游期间随身携带的证件、财产被盗，被抢或遗失，保险公司可提供必要费用帮助被保险人，还能协助补办相关证件资料。

3. 若被保险人在医疗期间要求回国，保险公司要安全将其运送回国，并承担相关费用。

4. 碰到天气恶劣、罢工或公共交通工具故障等原因导致旅程延误，保险公司须支付一定保险金作为补偿。例如由于政治动荡等造成的旅行终止，或者其他情况，根据购买的保险险种和主要涉保内容，均可以合理保障我们的权益。

## 购买国外医疗保险的注意事项

购买国外旅行医疗保险，不仅仅要关注购买国内旅行医疗保险的相关注意事项，同时为了更好地保障人身财产安全，在国外由于语言、法律人文、风俗习惯、地理环境的差异等因素，使风险的不确定因素上升，且难以控制。

因此关注点就会有所增加：

1. 购买国外旅行医疗保险应该本着因地制宜的原则，虽然各个国家对于旅行医疗保险的具体规定不同，但是我们要尽量购买最适合自己的。根据目的地的客观条件以及一些主观方面的要求，先行选择必须包括的内容。

2. 购买的医疗保险，一定是带有紧急救援的功能。

国外旅行中发生的事情一般都是突发性的，紧急情况下需要支援的时候，就是旅行医疗保险发挥功能的时候。一旦发生意外情况，第一时间联系救援单位，它们可以提供最全面的服务，包括紧急处理病情以及之后的医院接待，甚至是安排家人的入境探望等事宜。

3. 国外旅行医疗保险需要参考出行目的地的医疗水平以及消费水平。

也就是说，购买医疗保险的保额并不是越多越好。根据出行地的具体情况购买相应水平、程度的旅行医疗保险就可以达到我们购买的目的了。

小贴士

**购买申根旅行保险小窍门：**

购买申根旅行保险，一定要买对整个申根地区旅行期间有效的保险，并注明包括申根区或者欧洲。因为整个欧洲和单个国家的旅行医疗保险费用是相同的，我们在飞行过程中，需要穿越不同的欧洲大陆，因此范围大的旅行保险对于我们来讲更加具有保障意义。同时，单个国家的旅行保险也是不符合大使馆要求的，一般会被拒签。因此即使我们只是前往一个目的地国家，也要注明欧洲，而不是简单地只显示具体某个国家的名字。

4. 明确旅行医疗保险的有效期限。

旅行医疗保险是有期限规定的，在有效期内可以使用，如果超过了有效期，就不会获得相应的医疗保证。因此在购买旅行医疗保险的时候，必须提前与投保机构联系，并确认购买的旅行医疗保险的具体保期。

5. 谨记旅行医疗保险机构的 24 小时急救热线。

不论选择哪一家机构投保，拨打国内电话的前缀都是相同的。使用手机拨 + 8610 加手机电话号码；使用座机拨打时，拨打 8610 加座机电话 ，座机电话前加拨当地国际长途接入码（如果有特殊要求的话），通常为 00，但也有个别国家另行规定，建议大家在拨打前询问当地人员了解具体情况，我们要知道所属国籍的代表性质的号码，如 86 代表的国家是中国。

6. 要仔细查看保障计划里是不是有垫付医疗费用这一项。因为一旦在境外旅途中发生意外或者是生病，医疗费用是非常昂贵的。如果没有垫付医疗费用，虽然救援机构会承担一部分的费用，但是其他的需要游客自行承担。

同时一些申根国家也会有不同的要求，我们需要根据相应大使馆的规定办理相应手续。除了必须办理旅行医疗保险的情况之外，还有一些豁免的情况。

以挪威为例，大使馆明确要求前往挪威的普通游客购买的保险有如下要求：

1. 保险范围覆盖所有的申根地区。

2. 有效期包括所有在申根地区的停留时间。

3. 最低保额为 3 万欧元（约 30 万元人民币）。

4. 保险内容包括紧急医疗救治救护，因医疗原因的紧急送返和意外死亡的费用等。

5. 使领馆只接受打印的保险单。

除了规定必须办理的范围之外，挪威同时也罗列了以下豁免的情况：

1. 欧盟 / 欧洲经济区 / 欧洲自由贸易联盟公民及其家庭成员（在陪同欧洲经济区相关人员前往挪威或探访在挪威居住的欧洲经济区公民）。

2. 外交和公务护照持有人。

3. 海员。



**小贴士**

**购买国外旅行医疗保险时还需额外关注以下几点：**

1. 提供准确的个人信息，以便出险时可以尽快核对身份。

2. 购买旅行医疗保险产品时，需要关注产品本身是否可直接在境外赔付，是否可以在门诊赔付。

3. 不论前往欧美等发达国家，还是欠发达国家，购买旅行医疗产品的保额都不能太低，否则可能在施救过程中因为费用不足，导致无法得到及时救助。

# 亲子旅行 医疗保险推荐

购买旅行医疗保险，首选要选择一家有资质、服务过硬的机构。同时还要注重具体的旅行保险产品，这里推荐几款不错的旅行医疗保险产品。

## 中德安联保险公司的环球标准型保险产品

环球标准型是最常见而且也是一般出游会选择的保险产品。

保险范围包括：境外意外身故及伤残保险金、境外紧急住院医疗费用、境外紧急门诊医疗和牙科费用、医疗转运和送返、遗体或者骨灰运送回国、灵柩费、丧葬费、每日住院现金补助、未成年子女住院陪同、送返未成年子女。该款产品的救援服务还提供包括安排亲属紧急出境探望、安排送返随行人员、安排慰问探访等。还可以选择包含高危风险责任在内的组合，就是在参与一些高风险的体育休闲活动时保险公司同样承担以上保障，包括在有正式经营执照的机构经营的并符合安全规范的潜水、滑水、场地滑雪、场地滑冰、驾驶卡丁车、帆船、帆板、皮划艇、漂流、观景直升机或骑马。

这一险种的保障十分齐全，带着孩子旅行，给我们自己可以购买该险种。这一险种的好处在于：

1. 感冒发热都在理赔范围内，在保险责任期间内，因遭受意外事故的伤害或突发急性病需要进行紧急门诊或紧急牙科治疗，感冒发热属于急性病范围。遭受意外事故的伤害或突发急性病需要进行治疗时需要先拨打 24 小时全球紧急救援热线获得帮助及就医指导。

2. 该险种针对最容易发生的意外和突发急性病风险提供完善保障，包含紧急门诊、紧急牙科、紧急住院医疗、医疗转运和送返、住院现金补贴、未成年子女住院陪同、送返未成年子女等责任，并可以对高风险活动（有正式经营执照的机构经营的并符合安全规范的潜水、滑水、场地滑雪、场地滑冰、驾驶卡丁车、帆船、帆板、皮划艇、漂流、观景直升机或骑马）承保。

3. 不设置免赔额。免赔额指由保险人和被保险人事先约定，被保险人自行承担损失的一定比例、金额，损失额在规定数额之内，保险人不负责赔偿，即指保险人根据保险的条件做出赔付之前，被保险人先要自己承担的损失额度。市场上部分境外险虽然价格便宜，但会设置免赔额及理赔次数的限制，实际上降低了对客户的有效保障。为了有效保障客户利益，中德安联无忧国际境外险不设置免赔额并且没有理赔次数的限制。

4. 变更方便、快捷。因为签证或是突发情况导致延期是很常见的，为了方便客户，中德安联独家提供在线变更的服务，客户只需在保单生效前登录安联在线保险网站，在“我的保单”“保险计划变更”中就可以直接修改生效时间并获得新的电子保单。

5. 符合申根签证要求：

申根签证要求有 30 万元紧急门诊保额，除东南亚计划和亚太计划外，所有的境外险计划均符合申根要求。

购买保险之后，需要给孩子购买未成年人计划的旅行医疗产品。此类产品，以 5 天的行程安排计算，支付保费 202 元，可以获得承保范围内的保障；除意外保障外，其他主要承保范围与环球标准型的范围相同，提供的服务亦没有出入，满足申根签证的要求。

**小贴士**

**中德安联保险参保范围以外的国家和地区：**

阿富汗、布隆迪、中非共和国、乍得共和国、刚果民主共和国、东帝汶民主共和国、厄立特里亚、几内亚、海地、伊拉克、科特迪瓦共和国、利比里亚、所罗门群岛、索马里、苏丹、南极洲、布韦岛、赫德岛和麦克唐纳群岛、南乔治亚岛和南桑威奇群岛、朝鲜、伊朗、叙利亚及其他救援公司无法提供服务的正在遭受联合国、欧盟、美国经济或贸易制裁的国家或地区。

# 友邦保险公司的“四海旅行意外伤害保险”产品

友邦四海旅行意外伤害保险产品的承保范围集意外身故、伤残给付，公共交通意外伤害给付，医疗补偿，医疗运送和送返，身故遗体送返，身故丧葬费用给付于一体。并获赠国际支援服务，全球有效且享有 24 小时中英文服务热线的专业化救助服务。保障的具体项目与其他保险机构大同小异，不过友邦保险提供了一种叫作公共交通意外伤害保险的险种，其包含两项保险利益：

1. 若被保险人因遭受公共交通意外事故，且自该事故发生之日起一百八十日内身故的（不包括猝死），则给付公共交通意外身故保险金予健在的身故保险金受益人，其金额等于该事故发生时本附加合同的基本保险金额。（此项利益与第 2 项伤残利益共享保额）

2、若被保险人因遭受公共交通意外事故，且自该事故发生之日起一百八十日内导致伤残，则其将按保险合同所附《人身保险伤残评定标准》（伤残行业标准）中的 评定原则，确认该伤残的伤残类别、伤残等级和保险金给付比例，并给付公共交通意外伤残保险金予被保险人，其金额为确认的保险金给付比例乘以该事故发生时附加合同的基本保险金额。但是对不属于“伤残行业标准”伤残条目的伤残不承担保险责任。意外导致多处伤残的，一般按照较严重的伤残等级来评定。

公共交通意外事故指被保险人以乘客身份乘坐公共交通工具（领有公共交通营运执照，以收费方式合法运载乘客的海陆空交通工具）时因外来的、突发的、非本意的、非疾病的原因而直接且单独地导致被保险人发生事故。

**小贴士**

友邦境外旅行意外/医疗保险的承保年龄为出生满一周岁至七十周岁，婴儿满一周岁即可投保。另外，除了需要了解其保险规定的条款以外，最为重要的是需认真研读最终签订的保险合同。合同是理赔的唯一依据。

# 平安保险公司的“国内旅游——自助游保险”以及“境外旅游保险——全球”产品

这两款产品的具体承保范围如下：

| | | |
|---|---|---|
| 国内旅游—自助游保险<br>适用人群：0 ~ 80 周岁<br>保险期间：1 ~ 90 天可选 | 意外身故 / 残疾 | 1 ~ 50 万元 |
| | 意外伤害医疗 | 1 ~ 50 万元 |
| | 意外住院补贴 | 50 或 100 元 / 天 |
| | 其他保障项目 | 交通工具意外身故双倍给付、航班延误、行李延误等 |
| | 方案特色：特有交通意外双倍给付及 24 小时境内紧急医疗救援服务，适合自助游。 | |
| | 电子保单、支持多人投保、境内紧急救援 | |
| 国外旅游保险—全球<br>适用人群：0 ~ 80 周岁<br>保险期间：单次 1 ~ 183 天可选，多次一年内不限次数 | 意外身故 / 残疾 / 烧烫伤 | 20 ~ 40 万元 |
| | 意外伤害医疗 | 10 ~ 35 万元 |
| | 意外医疗救援 | 救援服务 |
| | 其他保障项目 | 航班延误、行李延误、行李票证损失保障、旅行期间家财保险等 |
| | 方案特色：全面保障境外旅游的各种意外，高、中、低三款套餐自由选择、保期灵活 | |
| | 中英文电子保单、医疗费用垫付 | |

对于平安保险的产品，如果目的地在国内，选择自助游的方式，不妨购买其自助游的保险险种，原因在于其充分体现了自助游可能发生的一些情况，进而针对这些情况承保相应的情况。最关键的是平安保险提供24小时紧急救援服务，对于带着孩子出行的朋友来讲，非常需要这样的保障。同时如果遇到航班延误等情况，还可以获得相应的赔偿。这一保险承保范围非常广泛，对于带着孩子出行的朋友，这一保险产品很适合，充分考虑到了各种可能的情况。

如果目的地在国外，同时涉及跨地区出行，这里推荐选择“境外旅游保险 ×× 全球产品”，原因在于其承保在全球各地旅行的意外身故和医疗（包括意外牙科门诊及急性病医疗），24小时紧急医疗救援和垫付。同时最为人性化的服务为中英文互译保单，符合申根签证要求，保险生效前拒签全退。对于英文水平有限的朋友，相信中英文互译保单是最佳的选择。

### 小贴士

**购买平安保险时：**

1. 旅行意外险的保险起始日期不能选投保当日，最早只能是次日零时。

2. 根据保监会规定，未成年人的意外身故保险金额除飞机意外之外最高不超过10万元。

3. 投保了紧急医疗救援服务，出险后请第一时间拨打援助电话，以便尽快得到相应服务。

# 出国旅游保险的保险期限

人们在购买出国旅游保险的时候，一般都会事先预估自己在国外可能停留的时间，然后购买相应期限的境外旅游保险。但计划是永远赶不上变化的，一旦在旅行期间发生了某些事情而影响到整个行程，可能需要在国外停留更长的时候，这时候大家便有可能需要面对出国旅游保险过期的问题。一旦国外旅游保险过期，在国外旅行期间将需要面临较大的风险。在这时，大家能够获得持续性保障的决定性因素便是出国游保险是否可改保期？这是由我们所购买的境外旅游保险所决定的。因此在购买境外旅游保险的时候，一定要购买可以改期的境外旅游保险。

**小贴士**

**官网购买保险**

投保人和被保险人在填写保单的具体内容时，除了一些常规的个人信息需要填写外，在投保人以及被保险人的选择方面，很多人会产生疑惑，对于这个概念，我们要知道具体的含义。首先是投保人，也就是说这份保险的购买者，并不一定享受这份保险。而被保险人，指的是此次享受保险保障的人，也就是此次旅行的成员。这两者之间的关系表现为：投保人和被保险人可以是同一个人，投保人既可以给自己购买旅行保险，也可以给其他人购买旅行保险。被保险人是旅行保险享用者，但不一定是旅行保险的购买者。

# 旅行医疗保险的保费是越高越好吗?

购买旅行医疗保险的时候，会根据我们所购买的种类，支付不同的价格。那么保费越高越好吗?事实并非如此。原因在于很多保险种类承保的具体项目存在很大的差异，由于近年来一些高风险的游玩项目不时发生安全事故，因此很多旅行社推出了高风险项目的承保。这些保险的种类没有不同，只是在保险内容方面有着本质的区别。一些喜欢刺激项目的游客会购买有高风险项目的险种，这类险种中所包括的基本保证项目与普通意义的医疗保险没有区别，只是多了承保他们所参与的高风险项目，例如攀岩、跳伞等。相应地此类险种保费也会随之增高，如果我们是一般意义上的出行，并不会参与这些高风险项目，那么就没有必要购买含有这类承保内容的险种。换句话说，保费并不是越高越好，根据自身出行安排和行程，购买适合自己的医疗保险险种即可。

**小贴士**

投保过程中，在“是否用于办理签证”这一项中，根据实际情况选择即可。申根国家要求必须办理旅行医疗保险，因此前往欧洲申根国家的朋友，此项需要选择“是”。

## 常见的健康状况处理方法

**被昆虫叮咬：**用冰或凉水冷敷后，在伤口处涂抹氨水。如果被蜜蜂蜇了，用镊子等将刺拔出后再涂抹氨水或牛奶。

**骨折：**骨折或脱臼时，用夹板固定后再用冰冷敷。从大树或岩石上摔下来伤到脊椎时，将患者放在平坦而坚固的担架上固定，不让身子晃动，然后送往医院。

**外伤出血：**野外备餐时如被刀等利器割伤，可用干净水冲洗，然后用手巾等包住。轻微出血可采用压迫止血法，1 小时过后每隔 10 分钟左右要松开一下，以保障血液循环。对切割伤及刺伤等小伤口，可挤出少量血液，以冲洗掉伤口上的细菌和尘垢；对伤口宜用清洁的水清洗；对无法彻底清洁的伤口，需用过氧化氢溶液（双氧水）或碘酒消毒；对较大的伤口，止血后应用清洁的布覆盖并立即送医院处理。

**食物中毒：**吃了腐烂变质的食物，除会腹痛、腹泻外，还伴有发热衰弱等症状，应多喝些水，也可采取催吐的方法将食物吐出来，用手指刺激孩子的咽喉部，促进呕吐，反复进行，直到呕吐液体变得清而无味为止。

**过敏：**主要是避免过敏源。若是花粉过敏，可事先口服抗过敏药物，在树木花草较多的地方，最好戴上口罩；若是食物过敏，应尽量避免进食容易过敏的食物；若是日光过敏，需要做好防晒工作。

**上火：**上火的症状主要表现为：食欲下降、小便发黄、大便不规律等。因此，行程安排要劳逸结合，同时多吃清火的食物，比如水果、蔬菜等。上火严重的话，还需要服用清火类药物，例如婴儿清火宝。

注：此章节部分内容参照百度百科。

亲子自助旅行指南

亲子旅行目的地推荐

144-205

亲子自助旅行指南
Travel Guide
亲子旅行目的地推荐
TravelGuide

# 亲子旅行
# 目的地推荐

根据不同旅行目的地的特点，我们将其分为亲子海岛游、亲子古镇游、亲子城市游、亲子主题公园游、亲子博物馆游、亲子邮轮游以及最近渐渐流行起来的亲子酒店游。不论哪一种性质的旅行，都可以让孩子们在整个旅行过程中享受旅行带来的快乐。

# 亲子海岛游

**海岛气候环境与亲子旅行配合得恰到好处。出门在外的旅行，天气条件好无疑是好心情的保障。海岛的阳光四射以及蓝蓝的天空，总是给人们带来好的享受。即使下雨，也会在很短时间内恢复之前的阳光明媚，孩子们的游玩丝毫不受影响。**

沙滩对于孩子们来讲，或许是最好的游玩天堂。大部分海岛的海岸线都非常宽阔，最适合喜欢玩闹的孩子。首先，孩子们可以有足够大的地方互相嬉戏。其次，不必担心摔倒带来的伤害，即使偶尔摔倒，也不会很重，软软的沙滩，为孩子们提供了天然的保护。

## 海岛游玩的育儿理念

对于孩子来讲，海边不仅仅是游玩的场所，更是培养良好性格的最佳地点。带孩子去海边的益处多多，经常看到大海的孩子，心胸会变得开阔。眼睛里看到美好的事物，对于世界的理解就会变得积极和向上。辽阔的大海，一望无际的海面，经常看到这样的画面，对于孩子的身心健康有益无害，这也是很多朋友愿意带着孩子去海边旅行的重要因素。

★带孩子到海岛游玩的注意事项

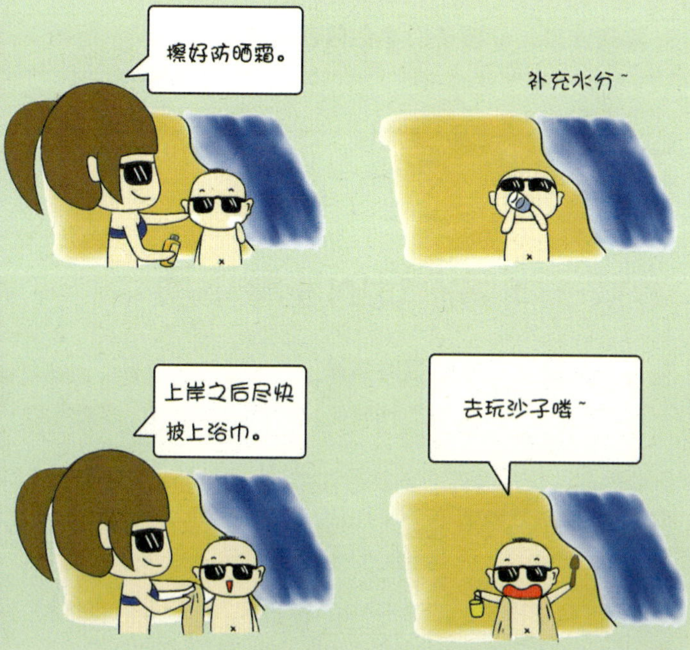
擦好防晒霜。
补充水分~
上岸之后尽快
披上浴巾。
去玩沙子喽~

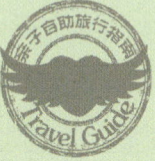

### 1. 大海让孩子的性格更加开朗、爽快

每个孩子的性格都不一样，但是在性格还没有形成前，如果我们加以正确地引导，那么这将会是给孩子最好的礼物。大海是开放的、自由的，孩子们可以和大海做朋友。

### 2. 大海培养孩子克服困难，勇往直前的精神

每当看到大海的海浪一波又一波地袭来，我总觉得它是在告诉人们，只有不断地前进，才可以到达胜利的彼岸。这个时候不妨告诉孩子们，海浪虽然重复着一遍又一遍的动作，但是却丝毫没有放弃。为了自己的目标，海浪一直在努力，努力到达下一个更远处。

### 3. 海纳百川，让孩子们学会包容和宽厚

大海汇聚了诸多河流，海纳百川正是这个道理。这一点让孩子们体会在成长的路上应学会包容，宽厚待人。只有这样，才会赢得尊重和掌声。

## 带孩子海岛游玩的注意事项

### 1. 海岛的游玩需要携带的物品

零食、浴巾、小衬衫、防晒霜、沙滩玩具、纸巾、水瓶等。

### 2. 防晒工作不可小觑

海边玩耍的时候要注意防晒，防晒级别取决于海岛的不同性质。例如马尔代夫的岛屿紫外线非常强烈，游玩过程中要不时地给孩子涂抹防晒霜。只要暴露在阳光下的皮肤都要涂抹，涂抹的间隔时间不要过长。

AGE
PRODUITS BIO
ET REGIONAUX

### 3. 不断地给孩子补充水分

海岛属于热带地区，虽然海边相对来讲比较凉爽，但是仍然会感到热。孩子一般都比较好动，很多时候只顾玩耍，此时我们要提醒他们多喝水，防止中暑。

### 4. 随时携带孩子的浴巾，无论是酒店泳池还是海边

下水玩耍完毕后，上岸的同时就要用浴巾擦干身体，之后裹着身体到休息的地方，浴巾拿下来的同时换上事先准备好的衣服。

### 5. 选择到海浪小且较为常规的沙滩玩耍

许多国外海岛的沙滩海浪比较大，很受年轻人的喜爱。例如巴厘岛的库塔海滩是冲浪的天堂。但亲子旅行要尽量避免在海浪比较大的地区游玩，选择适合孩子玩耍的海滩。

### 6. 海岛地区的热带雨林，无人带领下不去尝试行走

海岛附近，通常都会有一些热带林木丛，树林中可能有条小路通向其他沙滩。很多人为了不去绕路，再加上些探险精神就会选择这样的小路前往目的地。殊不知这些小路经常会出现一些当地的动物，有些还是比较吓人的，当地人或许习以为常，但对于小朋友来讲还是心存恐惧的。因此在没有熟识环境的人员带领下，尽量不去尝试这样的小路。

### 7. 有选择地让孩子品尝海鲜，切勿毫无节制

海岛游必然少不了品尝海鲜，在给孩子喂食海鲜的时候，要有所选择。适当吃些鱼虾之类比较符合孩子身体机

能的海鲜，一些过于寒凉性质的海鲜最好不要让孩子去吃，以免发生肠胃不适等症状。

### 8. 根据海岛的特有气候，因地制宜护理孩子

海岛地区，晚上在酒店睡觉如果不开空调会觉得很闷热。但是不要把空调温度调得过低，以免孩子感冒。但是诸多父母就会把温度调得过高，还会给孩子加盖一层小单子，结果导致孩子起痱子。对于这样的情况，建议同等对待，也就是说，在室内孩子和大人的衣服穿着保持一样就可以了。

小贴士

**海岛游防暑小窍门**

1. 海岛地带，最热的时间一般在 11:00 ~ 15:00，这段时间是午餐以及午休时间，因此最好安排小孩子睡午觉。

2. 游玩过程中不断给孩子补充水分，不能用任何饮料代替。

3. 在身体流汗的情况下，循序渐进降温，不能直接进入非常冷的房间中。即使再闷热的天气，孩子在屋里时，也不能将空调温度调至 26℃以下。

# 持中国护照的
# 十大免签（落地签）海岛

| | |
|---|---|
| 塞舌尔 | 免签 30 天 |
| 斐济 | 免签 4 个月 |
| 塞班岛 | 免签 45 天 |
| 济州岛 | 免签 30 天 |
| 马尔代夫 | 免费落地签 30 天 |
| 帕劳群岛 | 免费落地签 30 天 |
| 毛里求斯 | 免签 60 天 |
| 图瓦卢 | 口岸签证免费签 30 天 |
| 巴厘岛 | 自费落地签 30 天 |
| 民丹岛 | 自费落地签 30 天 |

# 亲子海岛游旅行地推荐

## NO.1 普吉岛

普吉岛拥有纯净的白色细沙以及宽阔美丽的海滩、碧波荡漾的海水，它是印度洋安达曼海上的一颗“明珠”。得天独厚的自然条件，给亲子旅行家庭提供了最好的游玩场所。

**所在地：泰国　花费：4000 元人民币 / 人**

**游玩时间：6 天**

## NO.2 长滩岛

长滩岛的美丽，有如它的名字，那是长达 7 公里的银色沙滩以及绵延的海岸线，给孩子们提供了最佳嬉戏的辽阔场地。柔软的沙滩，清澈而透明的海水，在清晨阳光的照耀下有如金光闪闪的炫动舞者，等待着孩子们的到来，一同起舞。

**所在地：菲律宾　花费：4000 元人民币 / 人**

**游玩时间：6 天**

## NO.3 三亚

三亚有着国内最完美的海滩，是上帝的宠儿，拥有“东方夏威夷”的美誉。沙粒洁白细软，海水澄澈晶莹，亚龙湾沙滩更具特色。喜欢国内游玩的朋友不妨选择三亚作为亲子旅行的目的地。

**所在地：中国　花费：5000 元人民币 / 人**

**游玩时间：5 天**

# 亲子古镇游

## 古镇独有的硬件环境

### 1. 吃喝玩乐高度集中

古镇最具特色的要数饭店餐馆、游玩逛街高度集中的景区游玩模式。古镇中的特色宾馆酒店一应俱全，各种餐馆散落在古镇的各个角落。带着孩子游玩，这无疑是最方便的地方。同时古镇即是游玩的主要场所，不用刻意寻找其他游玩的地方。

### 2. 避开烦琐的行程设计

亲子旅行的行程设计需要好好规划，古镇则不存在这样的问题。整个古镇就是景区的代表。逛古镇本身就是一种行程，无须再做其他的烦琐设计。

### 3. 提供充分慢品慢行的时间

古镇游玩讲究的是慢品慢行，这和亲子旅行的游玩初衷一致。由于时间上充裕，不必担心有的景区没时间去。古镇中虽然分为不同的小景区或者景点，但是和一般意义上的景区有着本质的区别。

### 4. 基本不需要考虑交通、运输等方面的问题

古镇游真正实现了门外是景区、门里是宾馆的近距离直接接触。基本不用考虑交通工具的乘坐问题，即使带着必备物品出门，也不用过多，最基本的物品带够即可。原因很简单，随时可以回到宾馆补给。

### 5. 特色美食穿插古镇，无须刻意寻找

古镇中的美食可以说是这里的一景，特色美食散布在古镇的每条街道上。有些小吃还有着悠久的历史，每到一处都可以品尝不同的美食。游览景区的同时也满足了美食之旅，一举两得。

## 亲子古镇游的模式

古镇亲子旅行的游玩模式大体可以分为五种，按照游玩的目的选择一种适合此次亲子游的模式即可。

### 1. 水乡情怀式的游玩

我国江南水乡以其深邃的历史文化底蕴、清丽婉约的风貌、古朴的民俗风情驰名中外。古语有云："东南财赋地，江浙人文薮。"小桥、流水、人家的江南古镇之所以有魅力，关键是文化，深厚的文化底蕴正是江南古镇的灵魂。

### 2. 沿着历史轨迹游玩

具有历史文化特色的古镇，除了秀丽优美的古镇风光和保存完好的古建筑外，最主要的原因还在于这些古镇在

后期修复过程中所赋予的历史和文化意义。广西兴安、山西张壁等就是最好的代表。

在古镇中，带着孩子身临其境地感受历史，可以为孩子讲述各种历史事件以及相关人物事迹。

### 3. 欣赏建筑特色的艺术游玩

古建筑特有的魅力总会吸引诸多建筑爱好者前去写生，这类古镇记录着中国历史在建筑艺术方面的造诣和智慧结晶。福建泰宁、安徽宏村以及皖南古镇等都是这类古镇的代表。如果孩子对于建筑方面有着浓厚的兴趣，或者想要培养孩子这方面的才能，不妨到有着这些特点的古镇游览一番。如果在前往游玩之前，可以提前查阅相关的资料，将会取得理论与实践相结合的良好效果。

### 4. 体验民族风情的游玩

很多古镇不仅仅具备自然风光，同时兼具民族风情和历史文化。亲子旅行如果将民族特色作为行程重点，不妨去游玩此类古镇。

# 带孩子古镇游玩的注意事项

### 1. 尊重当地的风俗习惯

诸多古镇中居住着当地居民，带着孩子游玩古镇，一定要尊重古镇人家的生活习惯以及民俗。俗话说“入乡随俗”，尤其是一些少数民族聚居的古镇，要尊重他们的风俗习惯。另外要教育孩子保护文物，不能随意乱涂乱画。

### 2. 大多江南古镇降水丰富，出行应携带雨具

游玩江南古镇，要随身携带雨具以防遇到小雨，给出行带来不便。另外古镇的水源比较丰富，同时也是古镇特有的景色之一。带孩子走在水边时要注意，有时地上的碎石小路长有青苔，应小心以防滑倒。尤其是下雨的天气或者雨后，更要注意。同时古镇的围栏设计大多比较简易，切记让孩子远离小溪河流，确保安全。

### 3. 切记不要让孩子玩火等

古镇上，很多建筑保持木质的本色，带着孩子游玩不要让孩子玩火以及和此类性质相似的事物，同行的大人最好不要吸烟，这样不仅可以很好地保护古镇，同时也给孩子做出了很好的榜样。

### 4. 古镇游玩注意各个小景点的游玩时间

一些古镇会对不同景点或者部分景点有时间上的规定，例如同里古镇，所有景点会在 17:15 之前闭园，只有退思园会开放夜游供游客观赏，但需要购买夜游门票。同时也有些古镇的小店关门比较早，对于安排夜晚活动的朋友需要提前计划。

### 5. 住宿提前安排预订

古镇游近年来一直是非常热门的旅游项目，也是亲子旅行游玩目的地的首选之一。因此安排古镇游玩，一定要提前预订好住宿，尤其是节假日。古镇中的特色小店更是需要提前安排，最好打电话确认是否已经预订成功。

### 6. 女士最好不要穿高跟鞋

通常古镇的栈道都是由鹅卵石或者是其他不同材质的石头铺垫成的，穿高跟鞋很容易扭脚。夏天的时候，蚊子也较多，最好能穿长点的衣裤，备上一瓶风油精或万金油是不错的选择。

### 7. 带足够的现金

大部分古镇内未设取款机，如果所带现金不足会很不方便。例如云水谣景区内没有取款机，取钱要到离镇上约 7 公里的地方去，很麻烦，因此带上足够的现金是非常必要的。

★带孩子到古镇游玩的注意事项：

注意营业时间

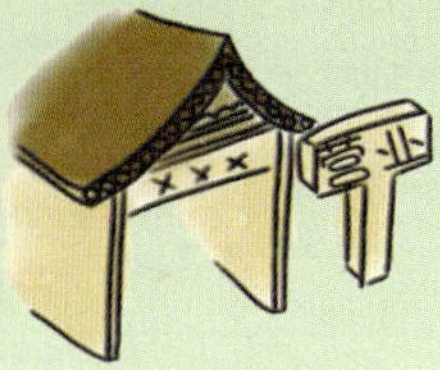


随身携带雨具

不穿高跟鞋

让孩子写生

## 8. 古镇乘坐游船游玩时，注意孩子的安全

古镇的游船一般都比较小，以便在狭窄的水道间穿梭。在古镇乘船游玩时，注意不让孩子乱动，以免掉进水里，发生危险。

## 9. 注意古镇门票的时效性

如果不住在古镇，选择住在镇外的宾馆酒店，那么在购买门票的时候一定要了解清楚门票的时效。很多古镇的门票都当天有效，第二天进入需另外购买门票。

## 10. 让孩子有充足的时间休息

控制游玩的时间，在确保孩子有充足的时间休息的同时，要使孩子记得这次旅程，除了可考虑让孩子写旅行日记外，也可考虑让孩子在古镇写生，这可加深孩子对每一个地方的印象，十分有效。

# 亲子古镇游旅行地推荐

## NO.1 周庄

周庄是典型的南方小镇，它没有北方的粗狂豪放，只有那小桥流水人家；没有雄伟的高楼大厦，有的只是那古色古香的建筑，南方水乡特有的秀气在这里尽显无疑。在这里，可以悠闲地漫步，充分体会慢品慢行的味道。

**所在地：中国　花费：300 元人民币 / 人　游玩时间：2 天**

## NO.2 西塘

有着悠久历史的西塘古镇，是古代吴越文化的发祥地之一，同时以“桥多、弄多、廊棚多”的三大特色吸引着诸多旅游爱好者。西塘还有着充满民族气节的南社，让孩子们感同身受去体会其中的历史故事。

**所在地：中国　花费：400 元人民币 / 人　游玩时间：2 天**

## NO.3 古北水镇

古北水镇是我国北方为数甚少的古镇，既有江南水镇枕水人家的风情，又有着北方独有的宽厚情怀。

**所在地：中国　花费：200 元人民币 / 人　游玩时间：1 天**

# 亲子城市游

## 选择旅行目的城市原则

**1. 避免或尽量减少涉及山路的行程**

亲子旅行最好不要安排登山运动。攀登非常险要的山，大人自己都要万分小心，何况带着孩子？这样不仅仅对于体力是一种挑战，亦存在很大的安全隐患。

**2. 选择景区距离跨度小、景点相对集中的城市**

景点相对集中，或者是景区之间的距离比较短的城市，对于亲子旅行来讲非常适合。可以省去交通方面的不便，同时让孩子得到充足的休息。

**3. 尽量选择以旅游为主的城市，即旅游城市**

旅游城市的基础配套设施比较完善，所提供的服务相对于非旅游城市来讲会更好，能够提供给游客更全面的服务。

**4. 选择带有游乐设施的城市**

例如香港迪士尼，是孩子游玩的天堂。

# 带孩子到城市游玩的注意事项

### 1. 提前准备好前往城市所需的证件

出行前，带好相关的通行证件，同时还要注意证件的类别。乘坐飞机去往香港的游客要注意，港澳通行证 G 签可以直接飞往香港，但是 L 签不可以。认清自己的通行证是可以直飞的 G 签还是必须随团旅游的 L 签，以便更好地去旅行。

### 2. 行程安排避免紧凑，需留有休息的时间

带着孩子到城市游玩，相对于其他性质的游玩会比较累，在行程安排过程中，一定要注意留给孩子休息的时间。景区之间的跨度比较大的城市，更是如此，切忌为了多游玩景区，剥夺孩子的休息时间。

### 3. 城市游玩时注意交通安全

尽量乘坐公共交通工具或者正规出租车。

### 4. 尽量避开节假日前往热门城市

节假日是出行高峰期，一些热门旅游城市更是大家的首选目的地。对于亲子旅行来讲，这样的地方并不适合。人多的景区既不能好好地游玩，也存在一定的安全隐患。很多时候孩子走失也是在人流攒动的地方，如果一定要前往，就必须要多加留意，保障孩子的安全。

# 亲子城市游旅行地推荐

## NO.1 新加坡

花园城市新加坡有着著名的环球影城，是孩子们游玩的天堂。这里不仅有很多有趣的游乐设施可供孩子玩耍，同时在这里，也可以观看动画故事的演出，带着孩子身临其境地走进动画世界。

**所在地：新加坡　花费：4500 元人民币 / 人**

**游玩时间：4 天**

## NO.2 哥本哈根

哥本哈根有许多宫殿、城堡和古建筑。城市充满浓郁的艺术气息，伴随着童话故事的记忆和想象，让孩子们去享受这里充满童话气质的古堡、乡村与庄园。

**所在地：丹麦　花费：10000 元人民币 / 人**

**游玩时间 4 天**

## NO.3 香港

香港迪士尼乐园和海洋公园是孩子们最喜欢的游乐场所，卡通人物的再现，各种动物朋友的汇集，香港无疑成了国内亲子旅行城市游的首选地。

**所在地：中国　花费：4000 元人民币 / 人**

**游玩时间：4 天**

# 亲子主题公园游

## 亲子主题公园游的形式

### 1. 以欣赏为主，体验为辅的形式

对于最受孩子们欢迎的各类动物园来说，主要以观看为主，仅限于让孩子们看看动物的萌态和了解动物的生活习性。当然很多野生动物园可以近距离喂食大型食肉动物，这种体验性质很刺激，但并不是主要的目的。民俗风情类的主题公园也多以这种形式为主要游玩方式，有些公园会不定期举办一些民俗活动，但并不作为主要的公园展示方式。

### 2. 全程参与性的游玩形式

这一类主题公园以游客参与为主，诸多游乐设施丰富完善的主题公园一直非常受孩子们的喜爱。不仅仅可以满足孩子们游玩的需要，也可以让年轻人找到刺激惊险的项目参与。这一类游乐园的游玩项目中一般会设有严格规定，对于年纪和身高不达标的孩子来说不能参与。一些刺激富有挑战性的项目对于年轻人来讲也有规定，一些疾病患者或者心脏不好的朋友都不能参与。也正是因为这种老少皆宜的游乐设施，才使得这类主题公园的游客不断。

### 3. 感受民族文化，体验风俗活动的体验式形式

这类形式多见于参加各种具备民族特色的活动，感受

其中的民族习惯以及风俗。年纪小的孩子对于这些或许不能理解，但其中欢乐的气氛是一样的。体验风俗可以让孩子们直接地感受到少数民族的生活场景，将理论学习与实际接触更好地融合在一起。例如在深圳的中华民俗文化村，不用去云南也可以体验傣族泼水节的感受和氛围。

### 4. 增长见识的学习型游玩

如果想不出远门就可以看到世界各地的著名景观，选择主题公园是最好的方法之一。主题公园的景观都是成比例微缩来的，看到眼前的建筑，可以想象到真正的建筑何其壮观。通过游玩主题公园，对于世界知名景区景点或者建筑特色，有个整体印象。从而为进一步接触真实的本尊做好基础，这类主题公园不仅仅开阔眼界，同时也寓教于乐。课本中提到的建筑或者各个国家代表性的事物一般都可以在这类主题公园中找到。

### 5. 根据特定目标选择主题公园的游玩形式

有些主题公园还有季节方面的要求，例如如果想去冰雪大世界一定要等到冬天前往哈尔滨等地。根据这个特定目标，我们安排行程时间应该是在冬天，而不是夏天。

# 亲子主题公园游攻略

## 如何才能获得更加优惠的门票?

购买主题公园门票具有一定的小窍门。可以团购或者从一些代理商手中购买打折票。如果几个朋友一起购买还可以和代理商谈价钱，拿到最实惠的价格。当然还可以在一些大型团购网站上直接购买，国内基本上可以买到世界各地比较著名的主题公园的门票。另外，提前购买门票不仅实惠，还节省了现场排队买门票的时间。

## 如何设计主题公园的游玩线路?

进入主题公园后，首先要领取一份公园地图。有的公园地图是在售票大门口领取的。根据地图整体了解主题公园的大概情况，确认我们最想要去的地方后再进行游玩。以圆形公园为例，游玩线路最好以从左到右或者相反的方向开始，最终再穿越中轴线。这样不仅仅可以避免遗漏某个项目，同时也是最为节省时间和走回头路最少的线路。

## 如何节省排队时间更好地游玩?

选择主题公园游玩之前，提前了解公园内是否给游客提供了便利的游玩条件，以及节省时间的游玩方式。香港迪士尼乐园就给游客提供了 FAST PASS 快速通行卡这种服务，即在一些比较热门的游乐设施前设置一台设备，游客只要把门票插入机器中，就可以得到相对应的 FAST PASS 快速通行卡，卡的上面非常详细地规定了可以进入场内游玩的时间。这样一来我们可以先行游玩其他项目，时间差不多的时候再回来游玩这些热门项目。

★带孩子到城市游玩的注意事项：

# 亲子主题公园游的注意事项

### 1. 不适合孩子游玩的项目，切忌强行参与

不要带孩子体验过于刺激或危险的游乐项目，以免孩子受到惊吓。

### 2. 严格遵守公园内的各项规定，尤其是针对儿童的条款

很多主题公园会明确规定某些项目，需要家长陪同方可参与。我们要提前知晓这些项目具体是什么，避免因为家长的疏忽造成孩子不必要的伤害。例如有些海滩会有明确规定玩泥沙需要家长陪同。

### 3. 尽量避开对体力要求比较高的主题公园和相关项目

过于消耗体力的游玩项目，可以说是一种有负担的游玩，已经脱离了亲子旅行的本质。

### 4. 切记不能随便给动物园中各类动物喂食物

不论是野生动物园还是普通性质的动物园，总是看到很多游客给动物喂食物。其实诸多动物的肠胃没有我们想象的那么好，如果吃了不合适的东西会导致拉肚子等情况。为了让孩子们可以近距离地观看，园方一般会单独把小动物放在一起，这样就给了游客观赏的机会，但是也带来了问题。一旦喂食不对，很可能导致小动物们的死亡。

## 5. 游玩过程中，注意保护孩子的安全

近年来主题公园的游客越来越多，在游玩时，要时刻注意不离开孩子身边。遇到人多的时候尽量抱着或者手牵手，并且尽快远离人多的地方。我曾经带着小锟去某动物园，我和锟爸竟然在不知不觉中找不到彼此了。幸运的是我一直抱着小锟，即使再累也丝毫不敢懈怠。

★亲子主题公园游玩的注意事项：

★ 不能随便给动物园中各类动物喂食物

★ 不适合孩子游玩的项目，切忌强行参与

# 亲子主题公园游旅行地推荐

## NO.1 迪士尼乐园

迪士尼乐园将动画中的人物活生生地通过各种方式展现在孩子们的面前，魔幻惊险的游玩方式，让这座主题公园充满了梦幻的感觉。全球已建成的迪士尼乐园有 5 座，分别位于美国佛罗里达州和加利福尼亚州以及日本东京、法国巴黎和中国香港。

**所在地：美国、日本、法国、中国**

**门票：300 元人民币 / 人　游玩时间：2 天**

## NO.2 爱宝乐园

爱宝乐园的魅力在于它不仅仅让孩子们感受到了无尽的快乐与幻想，惊险和刺激，同时也展现了这里诗情画意般的风景及浪漫。爱宝乐园由庆典世界、加勒比海湾、速度之路（赛车场）组成，号称是世界唯一的综合野生动物园。

**所在地：韩国　门票：220 元人民币 / 人**

**游玩时间：2 ~ 3 天**

## NO.3 鲁其特的欧洲主题公园

公园以一座中世纪风格的古堡为标志性建筑，坐落在安静的湖边森林里，在风景如画的公园中游玩非常惬意。它由 12 个以欧洲不同国家为主题的小公园所组成，可以说是欧洲国家的微缩，从法国穿越到西班牙，再到德国、荷兰等国家，不同国家的特色，在这里一览无余。

**所在地：德国　门票：213 元人民币 / 人**

**游玩时间：1 ~ 2 天**

# 亲子博物馆游

博物馆是征集、典藏、陈列和研究代表自然和人类文化遗产的实物的场所，并对那些有科学性、历史性或者艺术价值的物品进行分类，带着孩子以兴趣为依据，参观博物馆是一件非常有意义的事情。

## 如何更好地参观博物馆？

### 1. 提前做好攻略，掌握目的地博物馆的大概情况

这些攻略信息包括此博物馆近期举办的活动，可否参与其中等。另外如果博物馆的专业知识比较多，孩子理解起来比较吃力的话，会影响其游玩的兴致，因此可以考虑提前预约一个导游或者讲解员，同时提前查询一些相关资料，让孩子在脑海中有个初步的印象。

### 2. 对于孩子在参观过程中的疑问积极解答，引起孩子们的兴趣

自己不能回答的，可以求助工作人员。避免不予理睬或者答非所问，误导孩子。在参观完毕后，让孩子去回忆和描述所参观的展品或者学习到的知识，加深印象，这样的方式会让参观和学习效果更加明显。

### 3. 要有目的性，明确想要参观的具体展品或者主题

博物馆中的展品数量颇多，不可能一次全部参观完毕，走马观花式的参观学习不到太多的知识，并且很容易忘记。

如果可以就一个主题，或者对最为典型的藏品进行参观学习，不仅在时间上充分利用，同时也对展品有更深刻的认识。

## 4. 认真阅读展品的文字介绍

大凡展品都附有文字介绍，不要小看这寥寥几句，一般都是由博物馆里的研究专家所写。它可以帮助我们在最短的时间里了解展品的基本情况。

## 5. 参考阅读馆内的宣传资料

博物馆的工作服务台一般都会有宣传资料取阅。按照宣传册上面的介绍，比对着知识点参观，有助于我们对展品的理解。

# 带孩子参观博物馆的注意事项

### 1. 博物馆内不要大声喧哗，小声交流是比较好的沟通方式

博物馆相对比较封闭，大声讲话有些区域不仅仅有回声，同时还影响到其他参观的游客。参观博物馆时不要让孩子大声说话。如果有疑问，不妨小声交流。最好将手机等电子设备也调成震动模式，在安静的氛围中学习知识。

### 2. 适时拍照，对于明令禁止拍照的应该遵守规定

博物馆中的藏品大多具备很高的研究价值和历史意义，相机的灯光对于一些文物的损害是不可逆转的。博物馆中有些地方的光线会比较暗，导致诸多游客使用闪光灯。闪光灯里含有紫外线以及红外线，它们会造成一些彩绘类纤维的断裂以及结构上的破坏。如果每个游客都用闪光灯去拍摄，时间长了，文物的色彩就会褪色，严重的会使文物的表面慢慢开始断裂破损。

### 3. 博物馆中的展品，不可随意触碰

博物馆内的展品大多是宝贵的文物，不可以随意触碰。

### 4. 根据季节，增减衣物

夏季闷热的天气里，参观博物馆是非常不错的选择。不过博物馆的温度大多很低，初到博物馆会觉得很凉爽，时间一久就会感觉到冷。带着孩子游玩博物馆，要提前准备一些外套，随时保暖。

★在博物馆中，不要有这样的行为：

拍照

触碰

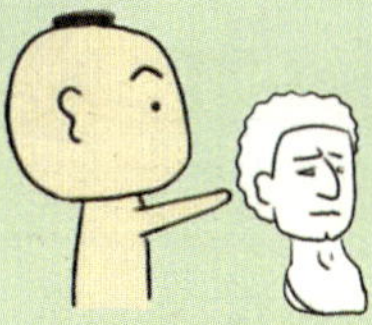

饮食

驻留

### 5. 小心博物馆中的展区玻璃，尤其是调皮的孩子更要关注

展品的展出一般会通过玻璃隔离，玻璃虽然具有一定的硬度，但毕竟不是铜墙铁壁，因此带着孩子参观博物馆一定要注意安全。如果不小心打碎了玻璃，不仅伤害了自己同时也损坏了文物。这一点对于比较淘气的孩子来说，尤其重要，家长朋友在参观时不能忘记对于孩子的照顾和管教。

### 6. 偶遇人多的情况，注意礼让

在博物馆的密闭空间中，如果遇到人多的情况，一定要礼让。一旦出现拥挤的情况，对疏散游客和保护文物都是非常困难的。因此按照次序游玩是很有必要的，参观完毕后直接出馆，避免重复参观。有的博物馆面积比较大，进去后要注意一下方位图和标志，比如小脚印等标志，这样不至于走错方向。

### 7. 注意每个博物馆以及各个展区的提示牌

提示牌中非常明确地告知了游客哪些行为是不允许的，对于一些展区也会设有专门的提示牌。很多朋友常常忽视提示牌的作用，一遇到不清楚的情况就询问工作人员，如此一来导致工作人员重复工作。如果我们可以提前去看提示牌，就可以很好地避免这些情况的发生。同时提示牌中对于孩子参观的部分注意事项，更要仔细阅读。

### 8. 提前了解博物馆的开闭馆时间，以及一些优惠政策

博物馆的开闭馆时间不尽相同，提前知晓非常有必要。

门票也要提前购买，网上团购等方式会有一定的优惠。同时很多博物馆都设有免费参观的时间，不妨抓住这些机会，例如希腊国家博物馆在世界博物馆日这一天是免费开放的。如果正好赶上，是件一举两得的事情。

### 9. 避免长时间在一件展品前驻足，影响他人欣赏

在喜欢的展品前大家一般停留的时间相对长一些，但是停留的时间要适度。长时间驻足会影响其他游客欣赏，引发其他游客的不满。

# 博物馆游旅行地推荐

## NO.1 巴黎卢浮宫博物馆

卢浮宫位于巴黎市中心，是世界三大博物馆之一。镇宫三宝“爱神维纳斯”“胜利女神尼卡”和《蒙娜丽莎》享誉国际。让孩子们处于这样的艺术殿堂中去学习、欣赏与感受，一定收获颇丰。

**所在地：法国　门票：300 元人民币 / 人**

**游玩时间：1 天**

## NO.2 大英博物馆

英国国家博物馆，又名不列颠博物馆，收藏了世界各地的许多文物和珍品，藏品之丰富、种类之繁多，为全世界博物馆所罕见。不仅仅有历史文化的气息，更加富有浓厚的知识氛围。走进博物馆，你会看到诸多带着孩子的家庭前来参观游玩。

**所在地：英国　门票：免费　游玩时间：1 天**

## NO.3 故宫博物院

北京故宫，旧称紫禁城，位于北京中轴线的中心，是明、清两个朝代的皇宫，是世界上现存规模最大、保存最为完整的木质结构的宫殿型建筑。不妨带着孩子去感受其恢宏的气势、绝佳的建筑，以及深厚的中国历史文化底蕴。

**所在地：中国　门票：60 元人民币 / 人**

**游玩时间：1 天**

# 亲子邮轮游

带着孩子乘坐邮轮旅行，可以说是一件非常惬意的事情。亲子邮轮游更像是真正意义上的度假，邮轮以其特有的优势和特点，成为亲子游的热门选择。

## 选择亲子邮轮旅行的原因

### 1. 邮轮是集住宿、餐饮、娱乐、游玩于一体的场所，不仅如此，同时配套设施高档，提供各种特色餐饮

这一性质为亲子游的开启带来了诸多便利，越来越受大家的喜爱。邮轮上一般设置有专门的儿童游乐场所，例如儿童游泳池以及儿童游戏室，家长可以陪着孩子一起玩。同时如果想去其他地方，还可以把孩子托付给专门照顾孩子的服务人员。服务人员均经过专门培训上岗，他们可以帮忙照顾、辅导孩子，和孩子们一起游戏，一起学习知识等。

### 2. 不必奔波于各景点间

由于邮轮是我们的主要游玩区，因此不论是赶路的途中还是正常安排的行程，均可以作为我们游玩的时间。不必担心错过那些好玩的项目，同时有些项目可以重复游玩，不受限制。

### 3. 充分感受大海的魅力

置身邮轮中，站在甲板上欣赏海景，也体验到出海的感觉。如果有张躺椅，还可以享受仿佛置身沙滩的感觉。这些都是邮轮所提供给游客们的选择，而且均是免费的。

### 4. 度假式的餐饮享受

邮轮的餐饮服务非常到位，除了一天正常的三餐外，还会提供茶歇时间。玩累的时候，可以在提供茶歇的时间享受小点心，这一点对于孩子们来讲无疑是最受欢迎的。正常三餐的种类也可以选择，中西方均有提供，这也是邮轮带给游客的独特服务。

### 5. 各类现场演出以及派对丰富了邮轮活动

邮轮上会有一些特色演出，现场气氛高潮迭起。如果不喜欢这样的热闹，还可参加一些特色酒会，体验不一样的感觉。还有一些邮轮设有 KTV、舞蹈教室等。

### 6. 医疗救助有保障

邮轮上均会提供医疗救助以及收费急救的服务，设有相应的医疗中心。因此我们在准备孩子的行李时，在携带药品方面不用多花心思，带一些最基本的就可以了。

### 7. 支付便捷

现金或许更为常见，但是消费随时随地可以刷信用卡，这样的优势是一般景区很难满足的，而且大部分邮轮都采取记账的形式，之后统一结算，很方便。

# 亲子邮轮游攻略

## 如何选择邮轮上的住宿房间？

邮轮客舱一般可以分为豪华海景房、一般海景房（阳台房）、内舱房三类。事实上邮轮船票价格根据所选择的房型不同而有很大区别，相比较而言内舱房是最便宜的，其他的餐饮娱乐项目消费是一样的。邮轮游最大的特点是早晨睁开眼睛一直到子夜时分都处于开放游玩的时间内，不同于一般的酒店住宿，邮轮上的住宿更单纯，基本上就是休息的时候才会回房间。因此如果对住宿要求不高，大可以选择内舱房。很多乘客喜欢选择内舱的另外一个原因，则是早上的阳光不会叫醒自己的美梦。

一般来讲，邮轮中部舱位会比其他位置稳定，不容易摇晃，同时去往任何地方都比较方便。对于大型邮轮来讲，尤其是电梯在中间位置的邮轮，如果住在邮轮两头，还需要走上一段距离。另外楼层高的舱位观景效果也会随之提高，伴随着价格也会高一些。不过虽然景观不错，但是楼层高的舱位却容易摇晃，甲板是休闲娱乐的场所之一，距离甲板近，会比较吵闹。目前较贵的房间一般会设在船尾，理由是这个位置打开阳台门就能看到风景而不用吃“当头风”。不过，这个位置却是最受海浪影响的。

## 行李箱中有何小秘密?

邮轮最为特色的安排当数一些鸡尾酒会或者晚宴，如果想要参加，必须着正装或者礼服前往。在一些宴会中还有机会和船长合影，使得行程更加精彩。如果想让我们的行程更加有趣，大可以给孩子准备一套礼服，一家人一同出席，相信一定是一道这，亮丽的风景线。

## 登船有何小窍门?

来到码头时，把行李交给工作人员时，一定要写清楚标签信息，行李会按照我们的房间号准时送达。一般来讲，邮轮都会提前 4 ~ 5 小时开始办理手续准备登船，大部分朋友都会提前登船。因为从登上船的那一刻起，就已经是游玩的正式开始，有更多的时间游玩，岂不是更好的选择?如果时间和行程都没有过多的局限，一定要提前办理登船手续，越早越好，增加游玩的时间。

## 如何应对晕船?

一般来讲，乘坐邮轮旅行不会感到晕船，但是如果身为晕船体质的朋友恐怕就有些小问题了。如果确认是晕船体质，可以选择较为平静的海域，否则自己不舒服怎么照顾孩子呢?同时选择一些比较平稳的航线也是不错的方法，例如中国香港、新加坡、马来西亚，这些线路基本不会发生晕船的现象。当然对于一些海浪比较汹涌的海域，以防万一还是应该提前预备晕船药品，同时邮轮服务中心也会提供。预订邮轮旅行的时候，不妨向工作人员打听航线的具体情况，平稳的航线是最佳的选择，尤其是第一次乘坐邮轮旅行的朋友。

## 如何选择邮轮和具体航线？

初次进行亲子邮轮游，要选择声誉比较好的邮轮公司，这样各个方面的服务就会有很好的保障。毕竟带着孩子旅行，希望饮食、环境以及各个环节至少是过关的。在航线选择上，第一次出行最好锁定时间在 4 ～ 7 天，同时附带多次岸上活动的行程。第一次乘坐邮轮，或许孩子和家长都不是很适应，如果能和岸上的活动很好地结合在一起，就会将这种不适感觉冲淡一些。同时尽量选择距离自己最近的港口，这样对于登船以及离船都会节省时间以及缩短路程。

## 儿童票价会有优惠吗？

各个邮轮公司对于儿童票价的优惠政策不尽相同，例如皇家加勒比海邮轮会有部分房间专门为第三或者第四入住的游客提供一定的折扣价格。不过并不限制只是儿童，成人也可以享受这种优惠政策。如果儿童并不是第三或者第四入住的游客，则不能享受这个优惠政策，需要正常支付票价。需要注意的是，孩子不能同时与爸爸妈妈睡在一张床上，入住同一房间的总人数不能大于该房间规定的最大上限。这是出于对邮轮安全方面的考虑，即邮轮可以承载的总人数以及救生艇最大的容纳人数。另外，越早订票越有可能获得最大优惠，同时也可以关注团购等打包销售的形式，享受一定的优惠价格。

# 亲子邮轮游的注意事项

### 1. 邮轮旅行对于孕妇和婴儿会有不同的规定

对于孕妇来说，最好在出行前确认是否可以参与。同时一般 6 个月以下的婴儿，部分邮轮也划分在不能登船的范畴，这些一并需要确认的信息不能小觑，以免耽误行程。

### 2. 船票不是全包价，注意自费项目

很多人误以为邮轮旅行可以等同于跟团游，基本上是一价全包的模式。事实上并非如此，指定的免费设置以及活动当然可以，但是有些主题餐饮或者一些特殊的服务需求，需要另付费用。因此参加某个活动，一定要清楚消费模式，以免发生不必要的纠纷。

### 3. 并非所有的邮轮旅行，都是“豪华”邮轮

诸多商家邮轮旅行广告语均是豪华邮轮，这也让很多朋友将邮轮与“豪华”作为一个组合。价格比较低廉的邮轮旅行，不太可能提供豪华的享受。正所谓“一分钱一分货”，豪华邮轮通常价格比较昂贵，是普通邮轮价格的 3 倍左右。

### 4. 邮轮旅行和普通旅行在签证要求方面相同

很多朋友都误以为邮轮旅行，有些签证要求就可以放低或者省去。这种理解是错误的，无论任何形式的旅行，签证办理的要求都是一样的。因此一定要提前准备好出行国家的签证，以免耽误行程。

### 5. 下船游玩的时候，注意登船时间

下船游玩最为重要的一点就是注意时间，如果错过登船时间是非常麻烦的一件事。有些邮轮工作人员会安排乘飞机在下一站等候，但是费用基本都是要自己支付的。如此一来，无形中增加了旅行费用，而这些本来是不用花费的。

### 6. 仔细阅读邮轮行前通知以及行程安排

通过行程安排搜索邮轮提供的游乐设施，以及一些特色活动，有选择性地参与。同时还要注意需要携带的物品以及应该注意的地方。

### 7. 带够防晒护肤用品

邮轮旅行有些部分的游玩更像是海岛游，尤其是在甲板上的游玩。阳光还是非常充足的，虽然有些邮轮提供防晒用品，但剂量很少。邮轮旅行，防晒是必不可少的。

### 8. 关于吸烟方面的规定

在邮轮上吸烟，可以在甲板，或者指定区域。其他任何区域都不能吸烟，包括住宿的房间内。有吸烟习惯的爸爸妈妈一定要注意这个要求，以免受到罚款等处罚。

# 亲子邮轮游航线推荐

## NO.1 东南亚航线

东南亚航线中会有一些游览岛屿的安排，可以带着孩子在沙滩上游玩。既可以享受阳光沙滩带来的浪漫气息，又可以同时体验在城市与海岛之间穿梭的感觉。

**花费：5000 元人民币 / 人　游玩时间：5 天**

## NO.2 香港航线

香港航线一般会和三亚一起成一条航线，也就是说这条航线不仅可以体验魅力香港的风姿，同时可以去亚龙湾海滩享受阳光和大海。迪士尼和沙滩的完美结合是很多孩子们喜欢的线路，一次性地满足两种游玩方式。

**花费：4000 元人民币 / 人　游玩时间：5 天**

## NO.3 长江三峡航线

长江三峡有条针对亲子旅行的航线，以我国古代文人墨客笔下的诗词为线，真正地去体会每一首诗词对于三峡的描述。这里有专业的老师讲解，可以在诗词歌赋中欣赏大好河山。

**花费：10000 元人民币 / 人　游玩时间：5 天**

# 亲子酒店游

酒店游是目前越来越流行的一种亲子旅行方式，对于一些想要带着孩子旅行，但是却不想远行或者想要选择固定游玩地点的朋友来讲，酒店游是一种非常好的休闲选择。

## 亲子酒店游特有的“私人定制”

诸多星级酒店纷纷加入“亲子游”的主题当中来，这些星级酒店会根据不同的年龄段以及孩子们的特点，安排一些亲子活动，其中包括但不限于水上互动比赛、亲自准备午餐等。平日里这些酒店或许不会提供这样的活动，只有针对亲子家庭才会有这样的套餐行程。诸多酒店周边临近其他一些知名景区，如果酒店游玩之后，想去其他地方游览也是非常方便的，选择其中一个景区前往即可。这种随时安排线路和调整行程的自由，恐怕只有亲子酒店游了，有些景区和酒店也会有相配套的门票优惠活动。

## 亲子酒店游的优势

1. 酒店游是一种非常悠闲的亲子游方式。不用考虑景区之间的交通换乘，酒店既是游玩场所又是住宿之地，是一种周末休闲活动的好去处，一般安排两天的时间游玩足矣。

2. 安排各种体验活动，让孩子们参与其中体会乐趣。

3. 根据酒店本身的特质，安排一些平常很难体验到的活动，比如和星级酒店的厨师一起做比萨等。

4. 酒店内有关孩子的配套设施相对很完善。例如很多酒店会在大厅放置儿童游乐设施。

5. 酒店除了安排一些针对孩子们的项目，还会提供各种针对大人的服务，例如按摩、游泳等，孩子们游玩的同时，妈妈们也可以按摩美容。

6. 许多高星级酒店的价格非常昂贵，如果只是单纯地住宿一晚，很多朋友都不会选择。但这种酒店的亲子酒店游却为大多数人接受，原因不仅仅是高星级酒店安排了诸多的亲子活动，同时这种游玩通常采取团购或者拼团的方式。价格上有了较大的优惠，同时也给孩子们彼此之间多了认识新朋友的机会。

7. 简单装备，轻松游玩。酒店游玩相当于是在“家门口”游玩，需要带的东西非常简单，可以随时补给。

# 亲子酒店游旅行地推荐

## NO.1 纽约广场饭店

孩子们可以居住在豪华的 Eloise 套房，享受这里给孩子们提供的整套装扮衣物，当然还包括 *Eloise* 的书籍和 DVD 等。如果想要尝试不同风格，还可以选择中世纪的《骑士广场》套房。

**所在地：美国　花费：2500 元人民币 / 晚**

## NO.2 泰国苏尼瓦奇瑞度假村（Soneva Kiri by Six Senses）

泰国苏尼瓦奇瑞度假村（Soneva Kiri by Six Senses）坐落于泰国最新的度假目的地沽岛（Koh Kood），设计这个度假村的建筑师从童年梦想汲取灵感，建起一个充满梦幻色彩的树上童话王国，是亲子旅行酒店的最佳选择之一。

**所在地：泰国　花费：2600 元人民币 / 晚**

## NO.3 广州长隆酒店

长隆酒店与长隆欢乐世界一级野生动物园毗邻，酒店拥有国内唯一放养白虎以及火烈鸟的中庭花园，孩子们在吃早餐的时候就可以看到这些动物在眼前经过。非洲草原的雄伟气息在这里尽显无疑，奇幻而充满童趣。

**所在地：中国　花费：1500 元人民币 / 晚**

对于一些工作比较忙碌的朋友，或者平日里很难请假的朋友，亲子酒店游是很好的选择。游玩的时间一般安排在周末，这样既不会耽误上班时间，同时还可以陪孩子度过一个美好的周末时光。最令很多朋友喜欢的是，酒店游玩相对来讲非常轻松，避免了长途跋涉以及交通换乘方面的麻烦，既可以好好休息，又可以有充足的时间游玩。

## 带孩子到亲子酒店游玩的注意事项

1. 亲子活动项目适当参与，不要勉强孩子。有些亲子活动，孩子们不喜欢或者不适合，要尊重孩子的选择。

2. 参加活动过程中注意照顾好孩子的安全，有些亲子活动颇具挑战性。

3. 避免让孩子们浪费活动过程中的材料，学会珍惜资源。

4. 由于参加的家庭会比较多，因此需要顾忌孩子们之间的交往以及互助。

5. 游玩过程中的游乐设施，有些并不适合孩子们独自进行，需要大人陪护，此时我们也要参与其中。不仅要保护好孩子的安全，同时也要让孩子们体会到这种活动的乐趣并学习知识。

# 如何避免亲子旅行中意外情况的发生？

1. 保证孩子得到充分休息；

2. 提前预见各种可能存在的危险；

3. 任何景区的游览，家长都不能放任孩子自行游玩，不去理会；

4. 亲子旅行中如果有事需要离开孩子，需确保有人明确知晓继续照顾孩子后，方可离开；

5. 善于总结经验和教训，亡羊补牢为时不晚；

6. 根据当地游玩线路和景区安排，提前了解相关信息，尤其是与婴幼儿安全相关的注意事项；

7. 亲子旅行过程中，不强迫孩子参与其不喜欢的项目或者其他娱乐活动；

8. 景区内不要让孩子模仿大人的一些高难度动作；

9. 亲子旅行中任何项目的游玩，父母一定要牢记，我们是带着孩子出行的。切忌光顾着看风景，忽略孩子的行为。

亲子自助旅行指南

亲子旅行带来的收获

# 亲子旅行**带来的收获**

TravelGuide

# 亲子旅行
# 带来的收获

随着亲子旅行的脚步不断继续，孩子的成长我们看在眼里，感受在心里。作为爸爸妈妈的我们，觉得孩子有时候做出的事情让我们很吃惊，以往在家中羞涩的小锟，竟然变得主动开朗起来。以前见到陌生人，小锟总是躲在我的背后，如今他可以很从容地面对陌生人的问候了。

# 跟孩子一起，看不一样的世界

亲子旅行为我们打开了一扇世界之窗。在江南水乡，我们感受着小桥流水人家的悠闲和安详；在西部沙漠，我们领略了令人震撼的大漠风情，聆听着“春风不度玉门关”的故事；在千年古刹少林寺，我们看到了中国功夫的厉害，真正地体会到了天下武功出少林的壮志豪情；在泰国，我们看到了人妖演出的精彩，同时更加体会到了他们生活的不易和艰辛；在马来西亚与华裔同胞快乐地聊天，深深感受到他们对祖国的依恋和不舍……同样的蓝天下，我们感受着不一样的世界，接触着不同国家、不同地区的人。在马尔代夫，当地人喜欢把整个土豆都用锡纸包起来，再放到炭火里烤熟，然后直接用来食用，而我们食用土豆的时候一般都是用来炒菜，偶尔用来去炸薯条已经算是比较不一样的吃法了。小锟看到这样的食物很新奇。拿着土豆小心翼翼地在嘴边小小地咬了一口，脸上的表情由最初的担心转而露出一丝微笑，问他好不好吃，他一会儿说好吃，一会儿又说不好吃。回到家里，当他看到土豆的时候，竟然对着我说“妈妈，烤”，原来在他心里早已记住了“烤土豆”的味道了。

# 孩子变得勇敢和坚强

菲律宾长滩岛的清晨是一天中最美的时刻，第一缕阳光洒在海面上波光粼粼。这个时候的长滩岛真的就如人间仙境，让人不忍打扰它的安静。小锟提着小桶大踏步地走向沙滩，拿出早已准备好的沙滩玩具，开始挖起小小的沙坑。小锟在游玩的时候，时而看看不远处刺激好玩的水上活动，时而又继续低头挖沙土。周围的小孩子越来越多，大家都想赶早看到最美丽的风景。小锟本来想踩一踩松软的沙土，此时远处传来水上降落伞带来的欢呼声，吸引了小锟的注意力，结果一下子踩到了沙滩玩具中的小铁锨，小脚丫一下子流出了血。可是小锟只是掉了几滴眼泪，没有大哭大闹。在我们的安慰和呵护下，他显得非常平和。我们很开心小锟的变化，小小男子汉本就应该如此。 在海滩游玩后，我们在小岛上穿梭闲逛，暮色渐深，夜晚开始摇曳生辉，海岛居民天性热爱音乐，一条条街道也变得热闹起来。有的人在卖力地吆喝自己的商品，有的则悠闲地喝着咖啡。由于小脚丫刚刚受过伤，穿上小凉鞋的小锟走路时不敢踩在路面上，只是一只脚垫着走，每当那只受伤的小脚丫落地的时候，他的表情就会显得有些痛苦。走了几步，他回过头来看我，张开双臂示意让我抱起他，坐在旁边的椅子上休息。

夜幕降临，商家纷纷打开了不同颜色的灯。灯火通明的街道仿佛依旧处于太阳的照耀下。轻盈悠扬的音乐从耳边传来，很多店里已经点起了蜡烛，大家都在聊着不同的故事。远处挂在商家门厅的风铃，在微风吹拂下摇摆着发出叮叮当当的声响。小锟安静地坐在我身边，时而入神地

望着，时而仰头看看我，显然已经忘记了脚上的疼痛。热闹人生就在眼前，哪还有时间考虑小小的疼痛呢？

## 孩子学会了分享

为了让小锟可以尽量地长时间在沙滩游玩，我们把酒店订在距离沙滩 5 分钟路程的地方。长滩岛的海水清澈而又透明，在阳光照射之下有如闪光宝石。小锟每天都会带着心爱的玩具去沙滩上玩耍。被誉为“世界上最细的沙滩”长达 4 公里的白色沙滩，不仅仅吸引了外来游客，当地人也很喜欢前来游玩，很多小朋友都在沙滩上玩耍，小锟看到有人动他的玩具，就开始耍赖，还一度躺在地上装可怜。我们对他的行为并没有上前阻止，而是看着他自己会如何处理。小锟意识到他的行为并没有起到任何作用，竟然一下子自己坐了起来，低着小脑袋，时不时地偷偷看着旁边正在拿着玩具开心玩耍的小朋友，又东张西望，故作不在意，不过他的小脚丫已经开始探索着向其他的小朋友接近，而后，他先慢慢地触碰那些玩具，看到没有人阻止他，他便直接加入到小伙伴中。孩子们的笑声不时地从远处传来，潮水已在夜色星空下静悄悄地退去，银色沙滩呈现出星空下的夜色美景，望着远处孩子们的欢快场景，我想，小锟已经知道，分享玩具的意义并能很好地融入到小伙伴中了。

亲子旅行不仅仅是度假休闲的一种方式，同时也给我们提供了很多育儿机会。利用旅行时光让孩子融入当地小朋友的玩耍中，也是不错的选择。或许一些与其他小朋友的相处方式会改变孩子身上的一些弱点，进而帮助孩子健康成长。

★利用旅游时光，让孩子融入当地小朋友的玩耍中，也是不错的选择。

## 旅行让孩子变得更加开朗、主动

在国外，外国朋友看着我怀里的小锟，都很喜欢逗逗他，打个招呼。起初，对于陌生人的招呼和微笑时，小锟很害羞，小脑袋一个劲儿地往我怀里钻，我抓着小锟的小手，摇了摇，教小锟对着外国朋友说“Hi”。“Hi”，小锟用稚嫩的声音，小声地勉强完成任务，而后又迅速将脑袋藏进我的怀里。老外见状，被胆小的小锟逗得哈哈大笑。此时的小锟或是感受到了愉快的气氛，也将小脑袋探出，咯咯地发笑，分别时，又出乎意料地主动对着外国朋友说“Bye”。如今，一旦遇到陌生人投来的友好目光时，小锟便会摇晃着小手主动进行问候，并用只有他自己能听懂的语言，咿咿呀呀地与人进行交流，俨然一副社交名人的样子。

这让我们开心之余更加清楚，要让孩子从小去学习如何与别人相处，并让孩子慢慢去体会其中的感受。

## 孩子的管理能力初现端倪，利用亲子旅行的机会，让孩子尽情发挥

孩子们在旅途过程中会有各种不同的表现，有的孩子喜欢帮助爸爸妈妈做一些力所能及的事情，有的孩子喜欢扮演总管家的角色，总之是时候给孩子提供一次当家长的机会了。不知何时起，小锟已经承担了小管家的角色。小锟学会了关注爸爸妈妈的身影，缺少任何一个，他都大声

呼叫爸爸或者妈妈，直到我们归队。锟爸是个典型的慢性子，什么事情做起来都是很慢，每次出行他总是落在我们后面，不论是离开家一起出门，还是旅行中，小锟总是不断地催促锟爸赶紧跟上我们。

有一次我们穿越人群时，锟爸竟然一时间掉队了。时刻关注爸爸的小锟竟然着急地哭起来，对着我说："找爸爸，等爸爸。"此时我也意识到锟爸"掉队"了，于是我们走到旁边等着掉队的锟爸赶上来。我四处张望以确认锟爸在哪里，偶尔会探身移动脚步，小锟以为我要离开，抓住我不让我有任何动作。过了一会儿，终于看到了锟爸的影子，小锟大声地叫着"爸爸"，同时示意我朝着他手指的方向去看。我知道孩子终于可以放心了。锟爸为此总是很骄傲，觉得小锟始终都不会忘记他，或许小锟知道锟爸的性格，于是就自觉地承担起来这个"小管家"的角色。

小锟这个"小管家"，让我省了不少力气，这些原本属于我的工作目前已经由小锟代替了。我想这也是儿子对我们的一种回报，小小年纪已经知道家人要始终在一起，不能缺少任何一个。每当想到小锟的这些关心，我的心里就会觉得很温暖。孩子的成长不能一蹴而就，很多能力都需要慢慢积累和提升，哪有一口气吃成胖子的道理。

# 善于发现亲子旅行中孩子的各种兴趣爱好和表现，并加以引导

亲子旅行中很多孩子都会表现得很兴奋，对一些事情会非常感兴趣，因而可以通过旅行来发现孩子们的一些兴趣爱好。这些兴趣爱好可以开阔孩子的视野，甚至或许会成为他们将来的事业。与其平日里强迫孩子去学一些不喜欢做的事情，不如早早发现孩子的兴趣，并加以支持。

小锟喜欢在海边玩耍，海水涌近时，便会站着去迎接，等待海浪穿越身体的时候，他会大声地笑，笑得很开心。浩瀚无边的湛蓝海洋，一道道波浪不断涌来，拍打在岩石上，发出了海浪特有的声音，溅起的白色浪花仿佛漫天飞舞的蝴蝶。我们试图拿来一块舢板给他玩，没想到小家伙非常感兴趣，一直在捣鼓，只是他太小还不能完全驾驭。即使如此，每当一个海浪过来的时候，他都会拿着小舢板去迎接，学着大人的样子趴在舢板上或者试图想要站上去，小脚丫慢慢抬起，又慢慢放下，重复着同样的动作。虽然每次都会失败，但似乎这些都没有让他退缩。有时候小锟还会看着舢板自由自在漂在水面上。锟爸说，小锟这么喜欢舢板，或许将来是个运动员呢。

## 更好地培养孩子的自理能力

在小锟很小的时候，我们就开始培养他的自理能力。有机会都会让小锟自己去做一些事情，刚开始登机的时候，我会抱着他，让他自己把机票交到工作人员手中，并表示感谢，现在他已经可以自己去排队做这件事了。为了让我们的准备工作更加有条不紊，我特意给小锟准备了一个属于他自己的行李箱，每当到达旅行地的时候，他都会负责照看行李。在酒店大厅，即使他想要玩一会儿，也会先把行李交到我们的手中。入住酒店的时候，他会把自己的行李打开，拿出自己的小睡衣。在家里睡觉，我们已经试着不再给他穿纸尿裤了，但是在酒店仍旧需要穿，只要我对小锟说需要休息的时候，他总是第一时间到自己的行李箱中拿出纸尿裤，并且自己穿上，嘴里还嘀咕着："在家里不需要穿，不能尿湿酒店的床，要穿。"

穿好纸尿裤以后，他会摆好自己的小枕头，躺在床上准备睡觉。看着小锟可以自己去完成这些事情，我们心里觉得十分欣慰。我们给孩子最好的礼物不是价格昂贵的衣服，而是让孩子懂得自己照顾自己，这样，在以后的人生中我们可以放心地让孩子去飞翔，去追求他的梦想。

# 让孩子慢慢学会什么是责任和担当

亲子旅行中，我们不仅要照顾孩子的方方面面，还要让孩子了解作为父母的我们同样需要他们的照顾和帮助。让孩子们体会其中的辛苦，以及培养孩子们对于爸爸妈妈工作和责任的理解。不论是打包行李还是在景区游玩，互相照顾的形式要慢慢教会孩子，但绝不是强迫。我会在小锟面前示弱，告诉他妈妈需要他的照顾。虽然他不能完全听懂，但是他会配合让我坐下来休息。有一次在杭州，一个星期天的早上，我身体不舒服，看到小锟在屋里子玩闹，我对他说妈妈很不舒服，希望他可以照顾我。小锟放下手中的玩具，看着我走过来，安静地坐在我身边，我靠在他小小的肩膀上，小锟不时也会很调皮地跑开和我玩闹，但他也会及时地跑回来。虽然小锟不知道用语言如何表达，但是他已经用行动去告诉我，他理解妈妈，希望可以帮助妈妈。这是一种和孩子朋友式的沟通交流，更是对孩子的一种尊重。

在香港迪士尼乐园玩的时候，天气很燥热，排队等候的时候小锟吃着冰爽的冰激凌，但是地上却有不少冰激凌融化掉下来的雨点般大小的痕迹。这个时候我对小锟说，你看地面上的痕迹，是不是应该弄干净呢？此时有工作人员走过来清理，小锟害羞地躲在了我的背后。清洁阿姨对着小锟说：“没关系，阿姨弄干净。”而小锟听后慢慢探出头，然后快速地走到阿姨面前，拿过扫帚自己去扫。此时周围的朋友都给小锟鼓掌，小锟则开心地看着我。

很多时候我们都懒于对孩子说那么多的话，但这些话看似很简单，但却可以给孩子灌输很多的道理和知识。无论任何事，都要循序渐进，并持之以恒。

## 让孩子“小马过河”式地感受我们的叮嘱和照顾

我们带着小锟去白洋淀荷花大观园游玩。在荷花大观园观赏荷花需要穿越一段木栈桥，小锟在狭窄的木栈路上推着小推车来回跑，木栈路两旁的围栏很简易，一不小心就会掉入下面的水池中，不管我如何叮嘱和引导都不奏效。我索性任其随意玩闹，但却不放松照顾与看管。结果在一次跑闹的过程中，小锟没有很好地停稳，小车一下子就掉下木栈路，眼看着就要掉进水池里，小锟很用力地拉着小推车，眼睛看着我们，伤心地求助。看到这样的场景，我走到小锟面前，没有立即把小推车取上来，而是对他说，“你看，现在是小推车差点掉下去，如果换作是你，是不是已经掉下去了呢？”

吸取了教训后，小锟乖乖地坐在了小车上，再也没有在木栈路上来回跑闹。很多时候只有孩子的内心真正认可我们口中所说的危险，他们才能做到关注和认真对待。因此在可控的范围内，不妨给孩子们机会感受危险的存在，否则小马永远也不知道河水对自己来说到底是深还是浅。

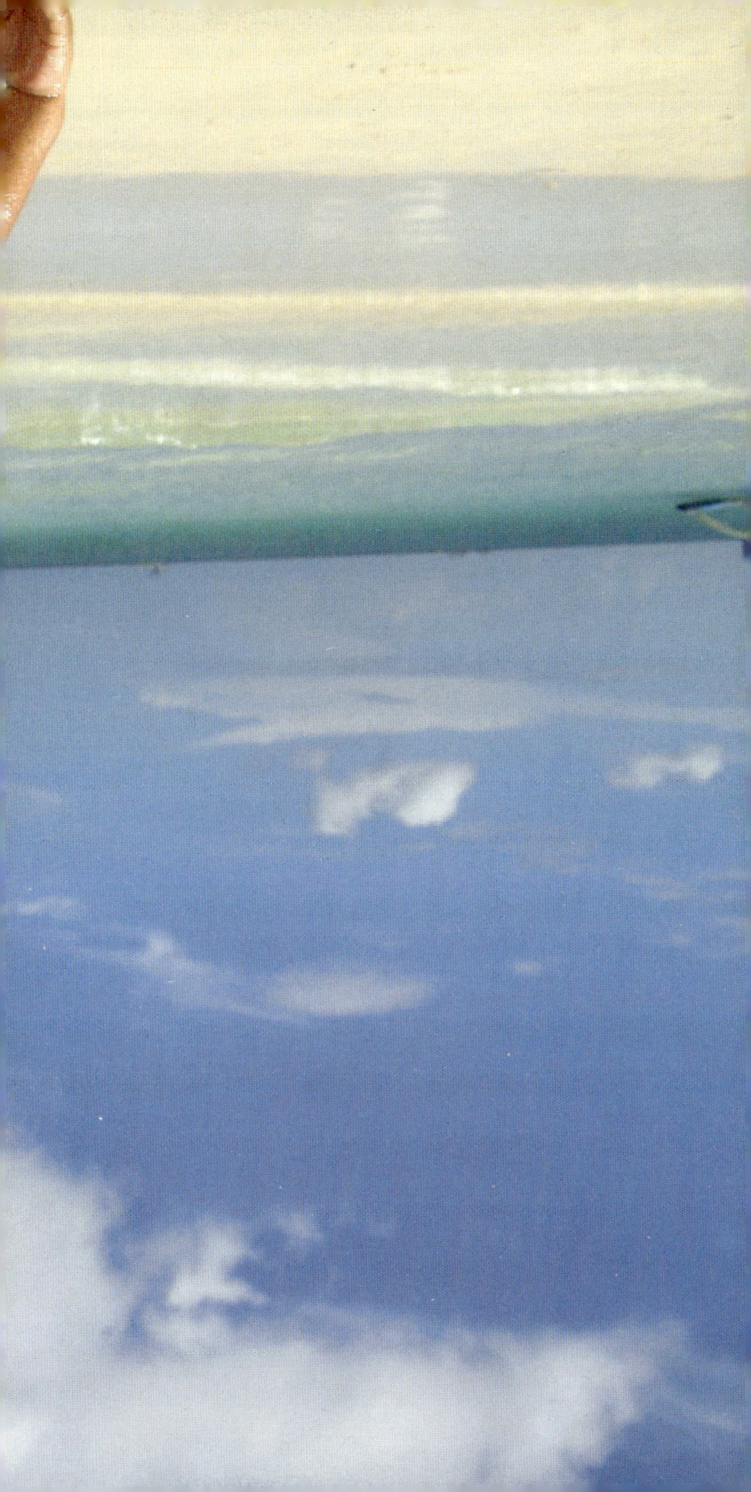

# 旅行中，教会孩子配合整体行动，实现同一目标

亲子旅行中会遇到各种突发情况，有时候还是一些比较棘手的情况。在我们带着小锟去宁夏游玩的时候，回程的车票出现了问题，我们需要在 10 分钟之内从一辆火车转乘上另外一辆高铁。仅仅 10 分钟的时间，我们带着行李，抱着孩子，在不知道换乘路程的情况下，时间成为了最大的阻碍。这个时候我对小锟说："我们要赶下一趟火车回家，你需要乖乖地抱着妈妈，这个过程中你可能会有些不舒服，但仅仅 10 分钟就可以成功。"小锟似懂非懂地看着我，在火车缓缓停住的那一瞬间，我抱起小锟。只见小锟双手抱着我的脖子，小脑袋紧紧地趴在我的肩上，一动不动。

就这样我抱着他，快速地赶往另一个站台。在我们顺利赶上另外一趟火车时，我放下小锟。孩子一下子来了精神，恢复了往常的调皮。遇到突发情况，缺少不了孩子的配合。小锟此次的配合是我们成功的最大因素。很多时候，只要好好地告诉孩子我们共同的目标，以及要达成这个目的所需要他配合的内容，他都会表现得很好。对于孩子的配合我们给予鼓励和表扬，也借着他的配合不断引导孩子做一个更懂事的人。

亲子旅行不仅仅可以增加家庭成员之间的感情，同时也是父母和孩子之间互相学习以及帮助孩子学习的一个过

程和机会。孩子的那些平日里不太可能表现出来的习惯和性格，在亲子旅行中会充分地展现出来，可以让家长更全面地了解孩子。同时，在轻松、快乐的氛围中，让孩子有所学习和收获，也是一件可喜的事情。

很多朋友都希望带着孩子到处游玩，只是总有诸多的担心，因此迟迟未能踏上亲子旅行的路途。带着孩子游玩，虽然需要准备很多东西，需要考虑得更加周到，需要在行程设计上面面俱到，但当你看到孩子脸上露出的微笑时，那么一切都是值得的。在亲子旅行中，难免会发生各种各样的事情，每件事的发生都具有两面性。一件我们认为不好的事情，反过来看一看，也会有我们需要学习和吸取教训的闪光点。亲子旅行的收获绝对不是 1+1=2 的简单计算，它的效果或许在未来的某一天，超出我们的预料也未可知。当我带着孩子踏出第一步的时候，亲子旅行的步伐再也没有停止过，到过高山，去过平原，感受过热带阳光般的风土人情，也去过悠闲快乐的小镇，和孩子一起去感受人生中不一样的精彩，每一次出行都是一个新故事的启程。每次旅行过后，我都会用最古老的方式去记录，看着照片和文字，小锟会指着说：“这是爸爸妈妈和我，在海边。”

亲子旅行，是我们与孩子最开心幸福的旅程，不论在哪一个旅行地，只要一起依偎着看冉冉升起的太阳，都是最幸福的画面。

**责任编辑：** 王颖　吴慧慧
**责任印制：** 冯冬青
**插画作者：** 郝悦
**图片提供：** 青春河边巢　shutterstock
**装帧设计：** 正美艺术设计中心

**图书在版编目（CIP）数据**

亲子自助旅行指南 / 青春河边巢著 . -- 北京 :
中国旅游出版社 , 2015.3
ISBN 978-7-5032-5296-9

Ⅰ . ①亲… Ⅱ . ①青… Ⅲ . ①旅游指南—世界 Ⅳ .
① K919

中国版本图书馆 CIP 数据核字 (2015) 第 035341 号

**书　　名：** 亲子自助旅行指南

**著　　作：** 青春河边巢
**出版发行：** 中国旅游出版社
（北京建国门内大街甲 9 号　邮编：100005）
http://www.cttp.net.cn　E-mail:cttp@cnta.gov.cn
发行部电话：010-85166503
**排　　版：** 正美艺术设计中心
**经　　销：** 全国各地新华书店
**印　　刷：** 北京金吉士印刷有限责任公司
**版　　次：** 2015 年 3 月第 1 版　2015 年 3 月第 1 次印刷
**开　　本：** 889 毫米 ×1194 毫米
**印　　张：** 7.25
**字　　数：** 120 千字
**定　　价：** 39.80 元

**I S B N：** 978-7-5032-5296-9

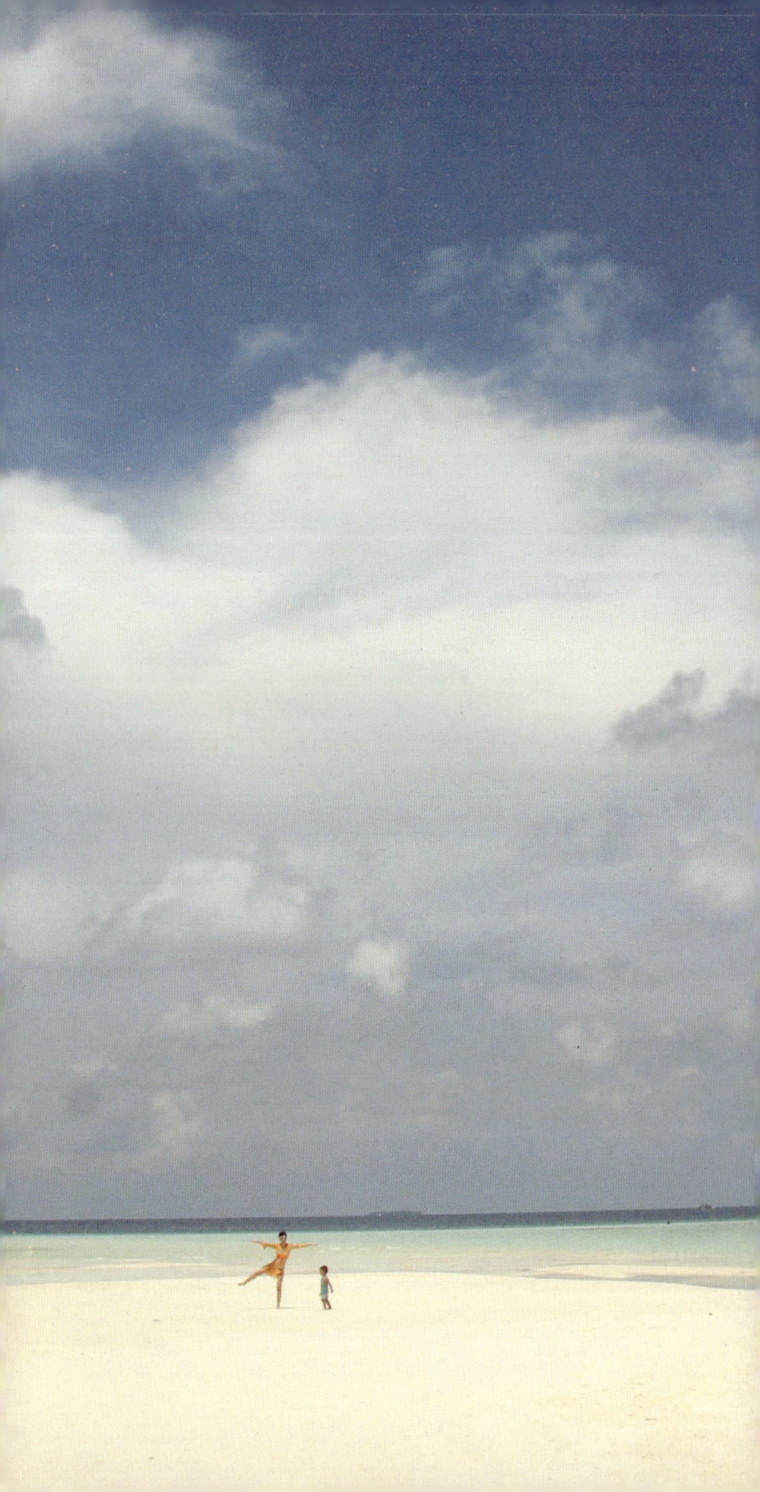

# 亲子 ... 旅行指南



青春河边巢 著

亲子自助旅行指南
Travel Guide